训诂方法论

陆宗达 王 宁 著

中华书局

图书在版编目(CIP)数据

训诂方法论/陆宗达,王宁著. —北京:中华书局,2018. 1
(2025. 8 重印)
ISBN 978-7-101-12054-7

Ⅰ.训…　Ⅱ.①陆…②王…　Ⅲ.训诂-方法论　Ⅳ.H13-03

中国版本图书馆 CIP 数据核字(2016)第 195399 号

书　　名	训诂方法论	
著　　者	陆宗达　王　宁	
责任编辑	朱兆虎	
责任印制	管　斌	
出版发行	中华书局	
	(北京市丰台区太平桥西里 38 号　100073)	
	http://www.zhbc.com.cn	
	E-mail:zhbc@zhbc.com.cn	
印　　刷	三河市宏达印刷有限公司	
版　　次	2018 年 1 月第 1 版	
	2025 年 8 月第 4 次印刷	
规　　格	开本/920×1250 毫米　1/32	
	印张 6　插页 4　字数 130 千字	
印　　数	7501-8300 册	
国际书号	ISBN 978-7-101-12054-7	
定　　价	42.00 元	

陆宗达先生（1983年）

1984年陆宗达、曹述敬与王宁摄于在北京师范大学举行的黄焯博士生丁忱论文答辩会

《说文·阜部》陧，危也。从阜，从毁省（段
□会意）徐巡以为陧，凶也。贾侍中说，陧，
法度也。班固说，不安也。《周书》曰：邦之阢陧。
读若虹蜺之蜺。"

案此字应据"锐"字说其音义。《金部》锐，
芒金也（锐本作雨屬）一曰坚铁也。读若銳⋯
从两字可以看出，从危声而读毁，一以毁声
而训危，二字之音□相通，无可疑义。今订陧
从毁省声，犹本《说文》实多夺声字，应以阜
毁省声。段云会意者误。在训释方面，训危，
训凶，训不安实一义的引申。惟训雨屬、雨金
似与陧训诂颇难通。要知道古人进船用雨桨拨
水，后始转橹。所以锐是进船之器，陧为进船
之态。

章太炎先生曰，《说文》枼，两刃臿也。从木
丫象形。或又作𣏗。又枼，臿枼也。从木入，
象形。囬声也。又⋯一切缘首义以曰枼，古
文奇字作枒。《楚辞》来舲船余上沅兮，齐吴
榜以击汰。吴即枼之声借。今人正谓以枼引
船（俗俗字作刜）曰枼。但以吴榜为大櫂也

失之。张载云吴榜越船，不能泝水西浮。刘
以吴为国名，失之愈远。(见《文始卷三》)
此说明绝与笑之阔眼。又隉下引《周书秦誓》文曰,
"邦之扤隉",
今本段玉裁说"扤当是转写之误。岂是本作扤"(又隉不致曰许书有垎多板。)
或作"尢"未可定也。'弟段说作扤是。"方言
九》傤谓之扤。扤，不安也。"郭璞注,"傤音讯。
船动摇之貌也。"《说文·舟部》刖，船行不安
也。从舟，刖省声。读若兀。此扤之正字。"《广
韵、十一没》刖下有重文作舤 " 追云,"俗。" 又《说
文·出部》有"黜"字，云黜，黜然，不安也。
从此臬声。易曰,黜黜。"段说，此释易(困上六)
之说。《维典释文》九五,刖臲,荀、王作臲黜,刖
郑云刖刖当为倪仉。"

以上"隉""锐""笑""櫱""扤""刖""臲黜"诸词
声同义近. 其为同根词毫容疑惑。古人行船隐患,故以
不安，亦或以囷旋(见《扐部》)舟旋(见《月部》) 进行船况描述
示此不安。

出版说明

《训诂方法论》是陆宗达和王宁两位训诂学专家合写的一部阐释训诂学总体方法及原理的理论专书。

陆宗达、王宁师生二人，是章黄学术的重要传人，几十年来坚持中国传统"小学"（文字学、音韵学、训诂学）的继承和发展，对中国传统训诂学如何取其精华并进入当代进行了深入的思考，《训诂方法论》是他们践行志念的重要成果。本书第一次将训诂学的方法分解后进行了理论阐释，全书由四个部分组成：第一部分是总论，陈述了作者对训诂学的发展和如何走入当代的深入思考，后三个部分将传统训诂学形音义互求的总体方法，分解为以形索义、因声求义和意义之间的比较互证，分别加以论证。正文后附有"训诂学名词简释"，对书中提到的术语给予明确的定义。两位作者训诂学功底深厚、思想清晰，表述深入浅出、要言不烦，使本书不但在语言学、文献学界引起重视，还对高校中文专业古代汉语和训诂学教学起到极为重要的影响，成为训诂学硕博研究生的必读参考书。

本书 1983 年 12 月由中国社会科学出版社出版，因排版条件制约，初版系由著名硬笔书法家梁天俊先生抄写制版。后原版丢失，未再重印。1994 年 9 月，本书曾与两位作者的另外两部性质相同的著作组合,用《训诂与训诂学》为书名,在山西教育出版社出版,继续为读者熟知和引用。此次出版,征得作者同意,恢复1983年原貌,改用规范字重新排版校订,并经原作者王宁教授复校,内容也有少量的修订。王宁教授又撰写了"再版序言",对本书的成书背景和过程、写作意图、出版经过,以及此次修订的相关情况作了详尽说明,读者可与1983年"初版序言"一并参读。

  谨此对章黄学术的努力与坚守,致以崇高的敬意。

中华书局编辑部
2017 年 11 月

目　录

再版序言

王　宁

　　《训诂方法论》是一部在我的老师陆宗达（颖民）先生指导下写成的阐释训诂学总体方法及其原理的专书，1983年12月由中国社会科学出版社出版，责编是当时已很资深的温颖先生。训诂学举例时常有繁体字和异体字，当时的排版系统缺字严重，全书是由颖民师在辅仁大学的学生梁天俊先生抄写后制版的。我收藏有温颖先生提出本书再版的信件，最终没有再版，我记得好像是抄写版因社会科学出版社搬家一时没有找到。1994年逢颖民师逝世五周年，我师妹张凤瑞在山西教育出版社任社长，她将颖民师与我合写的三部书《训诂方法论》《古汉语词义答问》《训诂学的知识与应用》①编在一起出版，书名采用《训诂与训诂学》。这些年，《训诂方法论》就是借着这部合编的《训诂与训诂学》和网上的流传继续与读者见面。这次由中华书局恢复原样将三部书分开再版，与初版时已距34年，读者已不熟悉上世纪80年代初的情况。颖民师在那个训诂学再次登上学坛时，引导我们深入反思、认真策动训诂学走向当代的苦心，《训诂方法论》所承载的那

---

① 《训诂学的知识和应用》原作者还有我的师弟宋永培，合编时征得永培同意，对目录做了一些处理。本书2017年已经恢复原貌，由中华书局重新出版。

份期望训诂学从应用转型到理论的初衷,也已很少有人知道。因此,我觉得有责任跟今日的读者有所交流,对这部书成书的背景和过程,写作时的想法,做一个简短的回顾。

70 年代末到 80 年代初是训诂学的复甦时期——高等学校中文系本科的教学计划中恢复了训诂学选修课程。为了培养师资,徐复先生在南京、颖民师在北京,分别主持了第一、二届训诂学高级研讨班。之后,在北师大召开了"训诂学教学与教材编写研讨会",一批训诂学教材陆续再版和出版,其中包括颖民师的《训诂简论》。颖民师担任了第一届训诂学会的会长,还招收了一届文字训诂学研究生。也就是在这一时期,颖民师和他的同门友朋一起,在杨克平先生的资助下,筹划了多次纪念太炎先生和季刚先生的学术研讨会。老师多年呼唤训诂学的复生,面对这样的学术环境非常兴奋。就在这一时期,我因青海省文化厅的推荐、借调到文化部清理"文革"前积压的电影剧本而到了北京,之后又由于准备在青海师院开设训诂学课得到了一次做颖民师访问学者的机会。为此,我有幸能在老师左右协助老师带研究生并在老师指导下协助他撰写著作和文章。

颖民师是一位中国传统语言学忠实的传人,并且一生遵循章黄之学的精神,深入研究中国传统语言学的同时,还十分关心现实,关心教育。在学坛复甦的环境下,他一心想到的是训诂学复生后,在当代如何培养人,如何将这门学问传播下去。形音义互求,是他特别强调的训诂学总的方法。那些年,我的师兄弟们都准备开训诂学课,来看望先生并求教,颖民师的话题总是落到这个问题上。一来二去，"训诂方法论"的论题渐渐形成，由四篇文章组成的书稿结构，也就呼之欲出了。

就时间先后说，《训诂方法论》最早写的一篇文章是《"因声求义"论》。颖民师应该是早已打算撰写这篇文章的，每次我去前青厂，总看见写好题目的稿纸一直放在书桌上。我按老师意见整理完《训诂简论》书稿后，老师把这个题目交给了我，完稿后，老师着人送到北师大学报编辑部。大约过了四个月，文章仍未刊登，多次催促未有结果。正值师弟谢栋元来京，他征得老师同意，将文章带回沈阳，及时刊登在《辽宁教育学院学报》1980 年第 6 期上。因声求义是乾嘉和章黄"小学"最重视的训诂方法，"训诂之旨，本于声音"是不刊的事实，说明其原理、阐发其运用都不困难。但是既然说到声音，必须要涉及上古音韵的研究成果；可是，即使很简要地把上古音说清楚，本身就能写一本书；在谈训诂方法时，上古韵部与上古声纽反映到什么程度，分寸很难把握。颖民师嘱咐我："只要读者知道上古音是怎么回事，而且说明韵部和声纽，用哪一家都没有关系。"他又提出："可以举例，就用叔迟（俞敏先生）的说法吧，他的研究最新。"我理解，老师是想用一个出于章黄又最新的成果作例子，而俞敏先生刚从梵汉对音的研究中作出的结论与季刚先生的说法契合。不过，在《训诂方法论》交稿后，先生又觉得，还是应当先反映黄季刚先生的二十八部和十九纽；由于梁先生的抄写已经结束，无法加上了。

1981 年年底,我把大家经常在颖民师那里谈到的一些共识,归纳写成《训诂学的复生发展与训诂方法的科学化》一文,1982 年《训诂方法论》集稿时,将它放到第一篇作为总论。1982 年政协会上,罗竹风先生为一本论文集向颖民师约稿,老师也把这篇文章交给了他,但直到 1986 年,文章才在吴文祺先生主编的《中华文史论丛增刊》(语言文字研究专辑)上发表,反而在《训诂方法论》出版之后了。

《谈"比较互证"的训诂方法》一文,是奉命为颖民师主编的《训诂研究》第一辑写的稿件,这篇文章的第一节,阐述了探讨意义自身规律对训诂的重要性。没有意义自身规律的保证,只从形、音这些外在的形式出发,训诂会产生较多的随意性。有了探求意义自身规律的方法,才能构成全面的训诂方法。上世纪 80 年代,语义学还没有像现在这样兴盛,而且,语义的内在性、经验性和人文性,决定了它在理论阐述上的困难;但是,从规律上探求和解释意义,又是颖明师最擅长的强项;所以,写这篇文章我的压力很大,生怕不能把老师的思想传达清楚。这时,冯胜利师弟的论文提出"同律互证"的说法,给了我很大的启发。很多训诂实践证明,意义问题不是用形式逻辑的推论能够完全解决的,有时要用语言事实归纳和比照。颖明师也曾针对胜利的论文说过:"'互证'二字用得好,就是'以义证义',但'同律'要改一改,既已知其'律',就不需要探求了。"斟酌再三,改成了"比较互证"。但这样概括是否妥当,我心里还是没数的。1982 年 4 月《训诂研究》出版,正逢"训诂学教学与教材编写研讨会"在北师大召开,训诂学前辈师长大都参加了这次会议,都对这篇文章给予很好的评价,我才略微解除了一些紧张的情绪。

《谈"比较互证"的训诂方法》得到肯定,也进一步促进了颖民师出版《训诂方法论》的信心。会还没有散,老师就对我说:"可以再写一篇形义关系的文章,训诂方法就全面了。"《〈说文解字〉与"以形索义"的训诂方法》是在这次会后,专门为《训诂方法论》结构的完善而写的,是唯一的一篇除了《训诂方法论》没有在其他地方发表过的文章。讲"以形索义",必须首先提出《说文》。这是章黄"小学"的最大特色,颖民师充分继承了太炎、季刚先生的《说文》学,这方面的论著很多,内容也非常丰富,如何用一篇文章从训诂方法的角度概括出通过字形探求词义的方法,是我在撰文时 直冥思苦想的问题。颖民师说:"以形索义道理看似简单,可最容易出错,要从理论和方法上把问题说透。"以形索义的依据是汉字的表意特性,形义本是统一的,这是根本的大原则。由于汉语和汉字是两个密切相关而本质不同的系统,形音义的发展是不平衡的,这就必然形成形义脱节的现象。如何处理汉字在发展中形义脱节的情况,是运用以形索义方法的关键。所以,以形索义的难度在于"索",不可犯望形生义的毛病。找到基本原理和问题的关键,才有了这篇文章的主题。

书后所附的《训诂学名词简释》,是在书稿集成后,为了帮助读者阅读,用来解释本书中使用的名词术语含义的,这次再版,基本保持原貌,没有改动。

《训诂方法论》出版后的这 30 多年,也有很多文章补充训诂方法,这些方法很多是作者在实践中的体会,不少是有价值的。需要说明的是,一门学科理论意义上的方法是有层次的。《训诂方法论》总结的三种方法,是传统训诂学形音义互求的总体方法的理性分解,是训诂学性质和特点决定的顶层方法。本书第一篇在引用了段玉裁《广雅疏证序》的一段话以后说:"这段话说明了'小学'是在形、音、义的关系中寻找答案,又说明了形、音、义既有横的联系,又有纵的发展,还说明了词义是制字的出发点,又是考字的落脚点。它与黄季刚先生所说的训诂内容系统恰有互见之妙,是训诂方法的一个全面的概说。"这段话说明,借助字形、借助声音、借助意义自身的关系来探求和证实意义,已经构成训诂学的总体方法,那些解决问题的具体办法,都是被它的总方法覆盖了的,与这三种方法不在同一层次上。

这些年,我自己也不断重读这部已经出版了近34年的书,回想颖民师在当时的耳提面命,重温章黄的一些成说,更加钦佩先师们的远见卓识;但我在当时执笔时对先师的教导领会还不十分透彻,有些说法自然也不十分到位。《训诂方法论》这次再版,本来有不少地方可以修改。鉴于学术是在不断发展之中,书稿又是颖民师亲自审阅过的,本书需要保留当时的历史面貌,所以,只对两个地方做了改动,这两个地方都是颖民师生前已经发现,嘱咐过修改而未及修改的:

其一是关于文字、音韵、训诂三分的时间问题。1986年12月,我应香港中华文化促进中心之邀,前去开设介绍训诂学的讲座。这次讲座使我能够见到海峡彼岸的文字训诂学同行。他们都已经读过《训诂方法论》，对我说及读这本书的感想时，同时提出：书中第一篇第一节谈到《隋书·经籍志》把"小学"分为"训诂、体势、音韵三类"，是否说得早了一些？回京后，我重新核查了文献，并向颖民师汇报这个意见。老师根据我的核查，指示我再版时这一段要说得详细一点，以免引起误解。利用这一次再版的机会，我根据当时的笔记改写了这一段。

其二是《"因声求义"论》第四节"'因声求义'要运用古声韵的研究成果"中，关于举例说明上古韵部和声纽的问题，根据 1983 年颖民师的想法，这次我加上了黄季刚先生的古韵 28 部韵表，以显示传统古韵学集大成的最终成果。在训诂学实践中运用古韵学的成果，宜粗不宜细，一般情况下可用自己熟悉的一家，在有疑难问题时，再去细究各种差别。

除了这两个先师有过指示的地方，其他地方就保持 34 年前的原貌了。

《训诂方法论》和另一本书《古汉语词义答问》是同时策划的，当时的想法是用《古汉语词义答问》为《训诂方法论》提供更多的例证。我常常忆起老师在这两本书上花费的心血。颖民师对这两本书的写作非常投入，有时会用绿格的稿纸写一些便笺给我，要我作为例子分别放在两本书上，并嘱咐我："如果用，都要查证，还要写得好懂。"如何把训诂方法说得通俗易懂，老师非常在意，曾对我说："书不在厚，在言己之能言而人之未言；话不在多，要明其理得其法，自己真懂了，才能让别人懂。学问做到家，反而平易，千万不要故弄虚玄。"做到这一点,是我终身的追求。

30 多年前的事,回忆于斯,使读者了解撰写这本书的初衷。

2017 年 10 月 20 日改定

初版序言

　　为了让更多的语文工作者和古代文献的阅读者不是只能接受前代或现代训诂家作出的词义训释结论，而能自己掌握一些方法亲手来解决一些古代文献中的词义问题，至少能够分辨某些结论的正确与错误，我们写了这本书，试图从原理上介绍一些前人使用过而行之有效的训诂方法，消除旧的训诂之学给人的玄虚奥秘的感觉，让训诂学能广泛应用。

　　这本书里所收的四篇文章，是有关训诂方法的四篇独立而又互有联系的论文。第一篇可以作为总论，后三篇是对"以形索义"、"因声求义"和"比较互证"这三个训诂方法的分论。而这三个方法彼此也是互相衔接，彼此关联，需要互相对照和结合使用的。这四篇文章中一部分初稿或初稿的片断曾在有些刊物或丛书上发表过。为了合成一书并构成完整的系统，加之在个别问题上事后又有些新的想法，在这本书中，对发表过的文章或片断也作了较多的增删修改。

　　训诂著作一向比较难懂。这主要是由于古代文献中的内容距离今天的生活较远，而过去训诂的着眼点又往往局限于不常用的难字僻词上的缘故。在这部书中，为了使更多的读者读来不太吃力，我们较多地选用了古代汉语中常用字词作例子，有些例子还在不同的地方从不同的角度反复解释，例子也尽量少举,以能说明原理为度。但是,由于论及训诂方法难免要引用旧的训诂材料,有时也不得不带出一些旧注释书和训诂专书的习惯用语,而这就足以让不是专门搞这一行的读者感到不习惯。这一点,以后还得进一步改进。

这本书中所用的术语,或沿用前人,或略作更改,或提出新术语暂且试用。为了避免如旧的训诂学一样产生术语不统一、涵义不清晰的弊病,也为了使读者了解我们所用术语的确切含义,书后附有《训诂学名词简释》,可对照本书参阅。

我们在本书的第一篇文章里谈到:"三种训诂方法必须结合起来使用,但在解决不同问题时,可以侧重使用其中的一种方法。究竟主要使用哪种方法更合适些,这要看提出的问题具备哪些方面的已知条件和需要首先探求哪方面的未知条件而定。"本书是对训诂方法加以解剖后的分论,不便举出各种训诂方法综合使用的例子。我们将在另一部书《古汉语词义答问》中举出综合运用训诂方法解决词义问题的各种实例,以补本书之不足。

训诂学有两千多年的历史,训诂的材料浩如烟海,训诂大师们的经验丰富无比。要想从中抽取一些既符合语言规律、在实践中行之有效、又为今人所急需的东西,确实是很困难的。加之我们对现代的中外词义学理论还学习得很不够,书中片面和错误之处一定不少,也有可能无法完全达到我们所预期的目的,恳切地希望得到专家和读者的指正。

训诂学的复生、发展与训诂方法的科学化

一

训诂学的萌芽大约始于东周，至今已有将近三千年的历史。最初的训诂不过是古代文献中偶或出现的训释形式，到了汉代，便发展为系统的、完整的注释书和训诂专书。但不论就著述的目的还是编写的方式来看，它都是经学的附庸，当时统称"小学"，内容包罗万象，与经典有关的无不毕载，严格地说，只是一项工作，还很难说是一门科学。

现在所说的训诂学，是传统语言文字学的一个部门。它是随着与文字学、音韵学以及后来的语法学分工日益清楚，逐渐有了自己固定的研究对象、范围、目的、方法之后而确立的。自从汉代刘歆的《七略》标有"小学"的名称以后，"小学"逐渐发展为体势、声韵、训诂三科。《隋书·经籍志》将"小学"类的书目放在经书类（含纬书）的后面，书目后的说明将所列书目分为训诂、声韵、体势，典籍各有所属。但从书目的排列看，"小学"三分尚未形成明确的格局。宋仁宗景祐元年（1034 年）官修《崇文总目》，其"小学类"的"叙录"说：

> 《尔雅》出于汉世，正名命物，讲说者资之，于是有训诂之学。文字之兴，随世转移，务趋便省，久后乃或亡其本，三苍之说，始志字法，而许慎作《说文》，于是有偏旁之学。五声异律，清浊相生，而孙炎始作字音，于是有音韵之学。

按照这个说法，三分的理念已经形成，而且，从提出的代表作看，与后世训诂、文字、声韵的概念内涵，已经完全一致。其后，欧阳修主持的《新唐书·艺文志》在书目的归类和编排上，也整齐明确，三分的格局，才算形成。宋代的王应麟在《玉海》里说：

> 文字之学有三：其一，体制，谓点画有衡从（按：即横纵）曲折之殊，《说文》之类；其二，训诂，谓称谓有古今雅俗之异，《尔雅》《方言》之类；其三，音韵，谓呼吸有清浊高下之不同，沈约《四声谱》及西域反切之学。

这个说法，是将过去所谓的"小学"统称"文字学"，将其下分作体制（形）、训诂（义）、音韵（音）三科。而且进一步明确了各科的内容，分别其界域。这标志着"小学"已经脱离了经学，向独立的科学发展。经过清代"小学"鼎盛时期之后，晚近学者章炳麟（太炎），正式使用了"语言文字学"的名称，确定了其中包括文字学、音韵学、训诂学三个门类。中国的传统语言文字学，才由此作了总结。

训诂学既然与文字学、音韵学作为三个并列的门类，它就必然有自己区别于另外两个门类的研究范围和内容。清代以前,文字重形、音韵重声、训诂重义的大致分工虽然已经确定,但是由于这三个门类在实践中确实很难分开,所以,在著作上和研究队伍上并没有一分为三,当然也就很少有人能从理论上对这三个门类的科学范围分别作出确切的规定了。到了近代,随着文字、音韵、训诂独立的理论研究不断丰富,特别是在高等院校文学院将这三个门类分别列为三个课程科目之后,三者内容交叉混杂的情况便不能继续下去了。训诂学同文字学、音韵学一样,便逐渐有了更为确定的研究范围和内容。这里,先介绍黄侃(季刚)先生未发表的著述《训诂学讲词》①中关于这方面的论述。黄季刚先生在"训诂之意义"一节中指出:

> 诂者,故也,即本来之谓;训者,顺也,即引申之谓。训诂者,用语言解释语言之谓。若以此地之语释彼地之语,或以今时之语释昔时之语,虽属训诂之所有事,而非构成之原理,真正之训诂学,即以语言解释语言,初无时地之限域也。

这个说法虽非训诂学的定义,却是对一切训诂材料最确切的说明,也是对传统训诂的目的和方式全面而概括的总结。宋代王应麟以及后来承袭他的说法的人,都是仅就《尔雅》《方

---

① 《训诂学讲词》为黄季刚先生讲授训诂学的讲稿,当时由黄焯(时任武汉大学教授)笔录并整理。后收入2006年中华书局出版的《黄侃国学讲义录》中,题目改为《训诂学笔记》,内容有所扩充。"训诂之意义"一节改为"训诂学定义与训诂名称",见该书第231页。

言》两书谈训诂,只提"称谓有古今雅俗之分"(按:雅俗之分包括标准语与方言、书面语与口语之分)。其实,这只是训诂的某种方式、某项内容,不能概括训诂的全貌。按黄季刚先生的说法,训诂即是词义解释之学,是用易懂的众所周知的语言来解释难懂的或只有少数人能懂的语言。这就是两千多年来训诂实践的内容,它是很切合现在所保存的各种训诂材料的实际情况的。

在阐明训诂意义的基础上,黄季刚先生列出了训诂的具体内容①,即

> 本有之训诂与后起之训诂;
> 独立之训诂与隶属之训诂;
> 义训与声训;
> 说字之训诂与解文之训诂。

"本有之训诂"是讲本义的;"后起之训诂"则讲引申义。"独立之训诂"即"综合释义",是讲词的概括意义的;"隶属之训诂"即"随文释义",也就是讲词在一定的语言环境中的具体意义的。而训诂的方式,除解文的义训与求源的声训外,还有一种需要与字形贴切的训诂,也就是所谓的形训。这样,我们便可以根据他的说法整理出以下系统:

---

① 根据黄季刚先生的《训诂学讲词》"训诂述略"部分概括,收入《黄侃国学讲义录》后,这四项内容见第239—242页。

训诂内容
- 形与义之关系（词的书面形式和内容的关系） 说字之训诂： 形训
- 音与义之关系（词的口头形式和内容的关系） 求源之训诂： 声训
- 义与义之关系（词义本身的内在规律）
  - 运动规律:本有与后起（即本义与引申义）
  - 应用规律:独立与隶属（即概括义与具体义）
  - 训释规律:略（即训释方法及条例）
  〔以上三项为〕义训

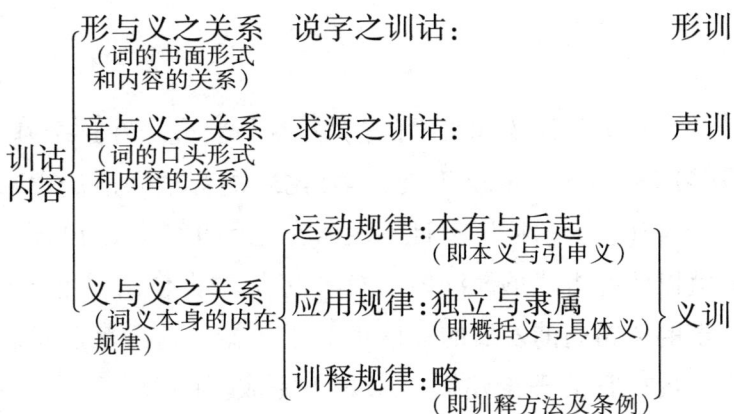

这个系统,的确囊括了传统训诂的全部内容,也展示了与文字学、音韵学并列的训诂学应有的研究范围。照此发展,训诂学便会成为这样一门科学:

　　对象:古代文献语言(即古代书面汉语)的词义;

　　材料:古代文献语言及用语言解释语言的注释书、训诂专书;

　　任务:研究古代汉语词的形式(形、音)与内容(义)结合的规律以及词义本身的内在规律;

　　目的:准确地探求和诠释古代文献的词义。

　　所以,它实际上就是古汉语词义学。如果把它的研究对象范围扩大到各个时期的汉语,包括现代方言口语的词义,就产生汉语词义学。可见,训诂学就是科学的汉语词义学的前身。

二

训诂学是汉语词义学的前身。但是,应当在这个基础上发展起来的科学的汉语词义学,比之语音学和语法学来,近几十年却大大落后了。且不说研究范围扩大的汉语词义学,只就以研究古代书面汉语为对象的训诂学本身,它沿着现代科学的道路向前发展的速度也非常缓慢。这种落后状态,主要表现在它的理论建设尚未真正完成。由于未能进一步科学化、理论化、系统化,从而妨碍了它的普及,因此,应用也只限于少数专门家的范围。它还不能很好地充当更多的人研究中国各民族古代历史、古代哲学、古典文学、各类科学史以及辞典学、考古学、中医学等科学门类的工具,更不能满足提高中小学语文教学和提高整个民族的文化水平的需要。

从中国语言文字学的发展历史看,训诂学创始最早,而且成就也最高。它拥有一大批十分丰富的资料、许多有价值的著述。不少在理论上和实践上贡献卓著的训诂大师,留下了丰富的经验。它的基础是很雄厚的。那么,造成这种落后状况的原因是什么呢? 这必须首先从百年来我国语言学发展的历史状况来看。

从中国的传统语言文字学发展到科学的语言学,中间经过一个引进的阶段。传统语言文字学中没有语法这个科目,少量的语法材料是包含在训诂材料之中的。第一部系统的科学语法学著作《马氏文通》,是清代熟悉拉丁文的马建忠按照西洋语法的体系写成的,但它却成为汉语语法的创始之作。传统音韵学所以能发展到科学语音学的新阶段,则是与西方的普通语音学理论的影响、历史比较法的应用以及现代记音符号的使用分不开的。到了 20 世纪 50 年代,斯大林的《马克思主义与语言学问题》与早期的苏联语言学,又给汉语各部门的研究提供了新的理论和方法。总之,继承前人与借鉴外国相结合,促成了科学的汉语语言学的发展①。具体到语言的各部门,语法主要靠借鉴,语音则是继承与借鉴兼而有之,词汇的研究情况又有不同。"五四"以来,国外的词汇理论也不乏引进,特别是早期苏联的词汇理论,介绍得比较多。但是,词汇是一种直接与民族生活、民族心理、民族文化密切相关的语言要素,如果不通过对本民族语言的研究总结出规律和产生出理论来,只靠引进很难解决问题。因此,批判地继承传统训诂学的成果,对发展科学的词汇学或词义学,有着特殊的意义。

但是,训诂学与经学的密切联系,与考据学的息息相关,与古代文献中封建的文化、政治、哲学等内容的不可分割,都决定了它会在极"左"思潮的泛滥中,与它的相邻科学一起,受到挫伤。主张取消训诂学的极端论调,在一个时期内比较占上风。这些论调无非是说,过去的训诂材料,多半是对"九经三传"这些"文化糟粕"的解释,于发展今天的文化已毫无

---

① 这里讲到的是 20 世纪 80 年代以前的情况,当时,西方现代语言学各流派还没有大量进入中国(王宁 2017 年按)。

补益。而且,它虚玄、奥秘、多主观臆断而缺乏科学性,是不足取的。尽管持有这些主张的人也不能不承认前代训诂大师在文献词义的训释、探求和整理上作出的大量成果经过检验证明是正确的,在今天仍令人信服,但他们却不愿把这些成就视为科学,总以为那些一个个的具体结论所以能够正确不过是一种巧合,是从感性材料中偶而获得的。这股思潮曾一度干扰了训诂学的提高和普及。

其实,这些取消训诂学的"理由"是站不住脚的。

首先,传统训诂学诚然是以古代文献语言为研究对象的,而古代用汉字记录的文献都是反映奴隶社会和封建社会的政治、经济和文化的。但语言对各阶级并无偏颇,不论古代文献的内容如何,它的语言都是当时的全民语言。那些因为训诂学研究的是"九经三传"便来贬低它、取消它的人,恰恰堕入了斯大林早已批判过的将民族文化与民族语言等同起来的谬误之中。斯大林说:"难道这些同志不知道,民族语言是民族文化的形式,民族语言既可以替资产阶级服务,也可以替社会主义服务吗?"(《马克思主义与语言学问题》)他还说:"他们没有看见文化和语言之间的差别,并且不懂得文化按其内容说是随着社会发展的每个新时期而变更的,语言则在几个时期中在基本上是仍然不变的,同样地服务于旧文化,也服务于新文化。"(同上)这是一个在 20 世纪 50 年代就已众所周知的语言学原理,早已无庸多言。更何况,不加分析地将"九经三传"一概目为"文化糟粕",恐怕也不是对待古代文化的科学态度。

其次,古代文献语言虽然并非正在使用着的现代汉语,但是,却有着特殊的研究价值:

第一,在现代科学的发展过程中,很多专业都需要阅读古代文献。由于词汇是语言中最活跃、变化最频繁的因素,所以,阅读古代文献最大的障碍是词义问题。为了使提高文言文阅读能力的教学工作有理论、有科学方法指导地进行,收到最好的效果,也为了把古代文献中历来解释不清的字句与篇章训释得准确、清楚,救活那些有实用价值却无人读懂的文献资料,就必须摸清古代书面汉语词义存在形式的特点和运动变化的规律。

虽然传统训诂学的研究范围比较狭窄,往往局限在上古经传和诸子,但我们又应当看到另一个现实,那就是古代书面汉语很早就脱离了口语,先秦的经传典籍对后代的书面语有着十分深刻的影响。后代文献中出现了一大批仿古的作品,它们仍然沿用先秦经典的语法和词义,而不顾及口头语言实际发展的状况。因此,古代书面汉语(也就是文言)作为一种脱离了口语而存在的文献语言,虽然在个别地方不可避免地要受口语的影响,在不同程度上加入了当时口语的因素,但是,由于言与文的脱节,这种书面语在存在历史性的同时,还带有十分明显的综合性。例如唐宋八家的散文以至清代蒲松龄的《聊斋志异》等作品中的词汇,仍然沿用《尚书》《左传》的词义——其中有些词义在当时的口语中早已变化或消亡了。因此,就解决文言文阅读问题这个实用目的来说,把先秦书面汉语研究透彻,又是阅读后代文言文的重要根底。

第二,古代书面汉语是汉民族某一历史阶段的语言,而且是有文字记载以来最早的汉语。这种语言是我们所能见到的材料中,最接近汉语的"源"的。尤其是它的词汇,几千年来或孳生新词新义,或发展旧词旧义,渊源大都离不开古代文献语言中的根词。所以,研究这一阶段的汉语词义,不仅有一般断代研究的意义,而且还有探讨汉语词语原始状态的特殊意义,不但能为现代汉语词义学提供有用的资料和可以借鉴的方法,而且对发展汉藏语系比较语言学和普通语言学中的词义理论,有着极为重要的作用。

以上第一点,就是训诂学研究的实用价值,第二点,就是训诂学研究的理论价值。不论从哪一方面看,这种研究都是不应被忽视的。

再次,训诂学中有没有科学的原理?是不是值得继承?传统训诂学曾经处于经学的附庸地位,这给它带来了堆积材料而缺乏独立、系统的理论总结的弱点,但同时也使它具有了一个优良的传统,那就是严格地从实际材料出发,并反复研讨、深入议论,绝不滥发从理论到理论的空谈。训诂学家在大量成功的训诂实践中,摸索出很多已被检验而行之有效的经验。而正确的经验中便包含着科学的原理。只要经过去粗取精、去伪存真的整理,经过系统的论证,便会出现一批来源于实践又被实践检验过从而切合汉语实际的理论。这些都是汉语词义学中极有价值的财富。在大量的成功的训诂实践成果面前,"巧合"之说是站不住脚的。具体结论的正确,正说明前人已经掌握了不少语言规律,而且确实有一套行之有效的方法在应用着。其中的有些原理,也已陆陆续续为前代训诂学家所论及。只是总结未能尽善,归纳未能全面,论证未能系统,因而其中难免还羼杂着一些模模胡胡的思想、似是而非的解释以及未经剔除的错误之说,需要进一步"去粗取精,去伪存真"罢了。

所以,对训诂学不应取消,而应批判地继承,并借助于现代语言科学和思维科学的成果促使它进一步科学化。

三

对传统训诂学全盘否定、采取取消的态度是错误的。但是,应当看到,旧的训诂之学在材料上、方法上、观点上都存在很多局限性,有些甚至是致命的弱点。这些问题虽是由于过去历史条件的限制而形成的,不可苛责前人、古人,但我们今天要发展训诂科学,已经有了一个与过去完全不同的目的,那就是要让它充当为发展其他科学而阅读古代文献时的工具,让它为发展科学的汉语词义学开路,让它为提高整个民族的文化水平服务。因此,必须对它提出更高的要求。如果仅仅使旧训诂学一如既往地复生,却不去克服它的局限性,而完全沿着历史形成的老路走下去,是绝不可能适应今天的需要的。

为了使训诂学走上新的现代科学的道路,需要实事求是地认识它的局限。

传统训诂学到了后来虽然脱离了经学的附庸地位，但是，长期以来，它还一直以古代文献词义为研究对象，以汉代注释为主要依据，因袭老课题较多，开辟新领域很少。直到清代，训诂学还主要着眼于先秦经传及部分诸子的材料，对经传之外或后代的词义仅是偶然涉及。这说明它是比较保守的。

更重要的是，旧训诂之学多搜集编纂之功，而少归纳概括之力，理论的论述零零散散，原理性的东西往往淹没在材料之中，所用的方法未经科学的证明。总之，这门学问所以给人虚玄奥秘、烦琐紊乱的感觉，是由于理论上的模胡和方法上的疏漏片面。这在以下几个方面表现得比较突出：

（一）概念模胡、术语含混

不论在自然科学或社会科学中，不同的概念反映不同的现象，在理论上是应当分辨得一清二楚的。传统训诂学常在一些十分关键的概念上发生混淆。其中最影响训诂理论科学化的是"字"与"词"的概念不清。

字是词的书写符号，它从所记录的词上承受了音与义。在古代文献中，除少数多音节的词外，一个字就表示一个词。在具体的语句中称一个字为一个词，或称一个词为一个字，一般不会产生什么大问题。但是，就字与词的本质来看，二者绝不是相同的东西。词是语言中表义的最小单位，它是音义的结合体。而字则是书写词的符号，字形对语言来说，是外在的东西。一个字并不只与一个词对当，同样，一个词也并不只有一个字与它相应。同词异字现象与同字异词现象普遍存在。何况，它们并非同一阶段的产物，且彼此遵循不同的规律发展变化。在研究字与词的产生、发展、变化时，既要看到它们相互联系的一面，又要看到它们本质区别的一面。在这种情况下，"字"与"词"这两个概念是不能混淆的。例如汉代许慎的《说文解字》①中为切合字形而作的训诂，也就是所谓的形训，如果它本身并未在语言中被运用过，只是按照某一义项来解释造字意图，那么，只能称作"字义"而不是"词义"。只有确实在语言中使用过的意义，才可以说既是"字义"又是"词义"。又如过去所说的"同源字"，并不都反映"同根词"。晚近章太炎《文始》中所说的"变易"，只是字形本身的增多或人为地分别，并不反映词在派生基础上增多，所以，只能是"同源字"而并非"同根词"；或者说，它们虽为不同之字，实际上却只是同一个词的不同书面形式，只有在派生词的推动下所造的新字才既是"同源字"又反映"同根词"。同样，初文、准初文只是文字造形的基础，它可以作为构件而产生新字，因此，即使说它是"根"，也只是"形根"，不是"义根"，说它是"源"，也只是"字源"，不是"词源"。而严格地说，产生新形的构件是不能称作"根"或"源"的。传统训诂学往往需要通过文字来探求词汇的音与义。在这个过程中，严格区分"字"与"词"的概念，实在是在理论上少犯错误

---

① 关于《说文解字》一书的详细介绍，请参看《说文解字通论》（陆宗达著，中华书局出版）一书。《说文解字》，后文或简称《说文》。

的前提。

科学的概念需要明确的术语来表达。术语是科学理论形成的基础,又是发展理论的必要条件。术语不仅是消极地记载概念,而且反过来也影响概念,使它明确,并把它从邻近的概念中区别出来。因此,术语必须有明确的定义来确定它的内涵、外延,术语还应当是统一的、固定的、意义单一的。但是,总的说,旧的训诂之学具有明确界说的术语是不多的,而且,已有的术语中也有一些不够恰当。这说明许多词义现象还没有经过归纳综合而从本质上加以说明。这一点也正是训诂学理论不够成熟的表现。

例如,古代文献中常有正反义同词或反义词同源的现象。这种现象实际上反映了一种汉语词义独特的引申规律。黄季刚先生在《尔雅音训》"落,始也"一条下说:"落本草木零落之名,引申训死,又引申而训始。故《左氏昭七年》注'宫室始成祭之曰落',明落之义由始、死来矣。"这里明言"落"有"死"、"始"二义是引申所致,是完全正确的。但一般训诂书上都称这种现象为"反训"或"反正为训",这个术语容易使人误解它仅是一种训释方法,从而掩盖了反正同词或反正同源现象的实质,实在是很不妥当的。

还有一些术语,不是在对语言现象的分析研究后确定的,而是拘泥于汉代以前提出的概念,多行解释之功,并且各自为自己的体系服务,众说纷纭,一个术语表达多个概念,或同一概念应用不同的术语,使后学者莫衷一是。

例如,朱骏声把词义依托同一词形的引申称作"转注",

而章太炎却把引申而不造字的节制字形之法称作"假借"。
究其内涵和外延,二者无别,但却用了传统认为是相对立的
两个术语。而另一方面,同称"假借",有的是指诸多引申义
依托同形,也有的是指意义不相关的同音字互相借用。在同
音借用中,又有的指造字时"本无其字,依声托事"的"假借",
有的却指用字时本有其字,同音替代的"假借"。这里,同一
术语表示三种概念。而且,第一种概念是词汇现象,第二、三
种概念却是文字现象。但这三种用法却同时通行。这还不
足以造成论证的困难和理论的混乱吗?

还有一种情况,是确定了术语,规定了术语的内涵、外
延,但在具体应用时,又违反术语的定义,任意扩大它的范
围,致使归纳总结的工作不能很好地完成。例如,章太炎先
生在他的语源学创始之作《文始》中,以"孳乳"和"变易"两
个条例来分析同源字。《文始·叙例》中说:"音义相雠,谓之
变易;义自音衍,谓之孳乳。"在"变易"这个术语提出后,还特
别注明说:"即五帝三王之世改易殊体者"。这就是说,"孳
乳"是文字在词的新义发展或新词产生的推动下而孳生新
字,因此,字的同源也就标志着词的同根;而"变易"则是文字
自身形体的改易,应包括完全异体字和广义分形字两种。这
种变易字只是字形的重复,并不意味着产生了新词。这两个
术语的界说本是确定好的,而且具有科学性。但《文始》对
"变易"这一条例的实际应用,却远远超出了《叙例》的规定,
在明言"变易"的字条下,出现了很多不完全同义的转音之
字,许多地方违背了自己提出的术语的定义,使得这部分材

料杂乱无章,归纳未能尽善。

(二)立论不周密

词义的发展变化、词义与词形的结合以及词义之间的关系都是一种有规律的存在。训诂学应当不断探求并总结这些规律,通过分析和综合,总结出符合实际的语言定律来。旧的训诂之学并非没有进行这方面的工作,但是,由于缺乏对语言现象的自觉认识,立论往往不甚周密。

语言学中"放之四海而皆准"的定律是很少存在的。一种理论,只有在一个固定的适应范围内,才是正确的。超出这个范围,便成谬误。但是旧的训诂之学由于对某些现象的本质分析不透彻,往往发生以偏概全的错误,使合理的东西流于谬误。例如,音近义通,只有在同根词之间才能具有这种音义关系。任意扩大它的范围,以为任何音近之词必义通或任何同义之词必音近,便否定了词语的社会约定性,以致牵强附会,造成谬误。汉代刘熙的《释名》想证明音近义通的普遍性,却出现了片面性,正是犯了立论上以偏概全的错误。后代的训诂家对刘熙的错误逐渐有所认识,但盲目相信声训、未加核证而滥系同源的作法仍较普遍。

立论时理由不充足或论据本身不真实的情况,也是存在的。长期以来,训诂学家笃信汉代以前的古注,以为古代的注释材料可以成为立论的当然依据。诚然,注释书的时代越接近文献产生的时代,便越易准确,这是合理的推论。但是,过去的训诂是附庸于经学的,旧经学严守师承,训释词义附会经义的情况在所难免,训诂材料中难免有以讹传讹的成见之谈。加之几千年辗转传抄,形与音的讹误更非少见,虽经校勘,仍未能全部还其本来面貌。因此,完全不加分辨地把这些材料作为产生新结论的当然论据,怎么会不影响新结论的正确呢?

也还有一些规律,在事实上已为大家所接受,但在理论上并未得到合理解释与充分的证明。比如,训诂家公认本义是引申的出发点,而且决定引申的方向,而本义则一般是指字形所反映出的字义(有的确曾在语言中使用过,也可称为词义)。但是,词义的引申早在语言产生时便已开始,而造字则是在这之后较晚的时期才开始的。引申是词义的一种社会约定的自然运动,造字则带有人为性。那么,二者如何能够切合?怎样切合?这在理论上还是没有得到合理说明的。缺乏证明的东西有时就很难让人全然信服,旧训诂学所以给人虚玄奥秘之感,这是一个很重要的原因。

(三)缺乏发展观点

旧的训诂之学着重解决经传词义问题,重视语言现象的平面描写。如果能严格依此办理,把它作为一种断代的研究,自然也是一种有价值的工作。但是,后代的训诂学家有时也要涉及汉代以前未曾产生的字与词甚至近时的口语。其目的是用前代的训诂来解释后来的词义,或者用后来的语言现象反过来证明前代的训诂。在涉及到这些问题时,应当既看到不同时代语言的继承性,又看到不同时代的语言由于发展而产生的差异性。

语言和文字都处在不断的发展中。古代书面汉语虽因言文脱节而存在一定的综合性,但因不同时代典籍记载的多是当时的事物,便不可避免地带有当时的语言特点,不论在语音、语法和词汇上都是如此。而词汇这个最活跃、反映社会生活最直接、最敏感的因素,自然更是经常处在发展变化中。死守经传的训诂材料和早期的训诂专书是不可能全然解决后代问题的。但前代训诂家却往往忽略这一点。或讲形义关系,便字字拘守《说文》,一切要以《说文》为正字。文字是随着词汇发展而发展的,有些后造的字是记录已经发展了的词义和过去所没有的新词,不可能都与《说文》统一,甚至不可能都在《说文》上找到依据,务求之,便形成牵强,造成失误。或讲"假借",便字字要在同韵部中去找,唯其同音,便定为借字。岂不知语音也在发展之中,同部未必有借用之字,而古代的同音借用字发展到《诗经》音系又未必同部。黄季刚先生在《与人治小学书》中评论朱骏声的《说文通训定声》时说:"朱君说异部通假,实多允当,其说同韵通假,愚心良多未安。"这正是因为朱骏声对同韵通假倚仗其同音而索求较为随便,而对异部通假反而诸多考证方能肯定的缘故。究其根源,还是由于缺乏语音发展变化的观点,过于拘守韵部了。章太炎先生的《文始》,在寻求"义随音衍"的语音变化轨迹时,对韵部的通转关系掌握比较宽泛。有人批评他的《成均图》是"东转西转,无所不转"。其实,《成均图》和《文始·略例》所规定的通转条例,主要是展示训诂音变的已然

状况的。在这些状况中,符合音理的,他称作"正声",距正常
情况较远的特殊现象,他称作"变声"。"正声"与"变声"正
是为了区别普遍与例外的界限。当然,对"变声"需要有充分
的调查,——加以核证,不能随意臆测,主观定论。但从大量
的事实看,这种作法是一种承认语音变化的复杂性的作法,
是有发展观点的。如果一概拘守韵部,对音韵学确定的通转
关系之外的特殊情况采取一概否定的态度,那就容易把复杂
的变化过程和结果简单化,也是不符合实际情况的。

以上这些问题,妨碍着训诂方法的科学化。我们在总结
前人经验时,应运用现代的思维科学和语言科学,克服这些
缺点,弥补这些不足,在剔除糟粕之后,训诂学便会减少或消
除那些玄奥、神秘的色彩,变成清晰明了、便于普及和便于掌
握的科学了。

四

任何一门学问,如果它只能解决一个个的具体问题,却
不能提出一系列科学的方法,或者虽然运用着一整套的方
法,而这些方法的正确性却未能从理论上得到证明,在应用
中就难免有因缺乏科学理论指导而产生的盲目性,也就很难
向现代科学发展,要想普及并便于更多的人来应用它则尤为
困难。所以,训诂学唯有使其方法科学化,才有新的出路。
而在训诂方法问题上,前代训诂大师的很多行之有效的经验
值得我们去总结、整理。在新的理论指导下,重新研究旧课

题,吸收其中的合理成分,是我们首先应做的工作。

翻开一部训诂学史,从汉至清再到现代,无非是在形、音、义三个要素上下功夫,在三者的矛盾统一中提出课题和探求规律。关于这一点,清代训诂大师段玉裁说得最为清楚。他说:

> 小学有形有音有义,三者互相求,举一可得其二。有古形、有今形、有古音、有今音、有古义、有今义,六者互相求,举一可得其五。古今者,不定之名也。三代为古,则汉为今,汉魏晋为古,则唐宋以下为今。圣人之制字,有义而后有音,有音而后有形。学者之考字,因形以得其音,因音以得其义。(《广雅疏证序》)

这段话说明了"小学"是在形、音、义的关系中寻找答案,又说明了形、音、义既有横的联系,又有纵的发展,还说明了词义是制字的出发点,又是考字的落脚点。它与黄季刚先生所说的训诂内容系统恰有互见之妙,是训诂方法的一个全面的概说。

在训诂学中,首先提出的课题是文字字形与词义的关系问题。不论是哪一个民族,要想研究本民族古代的语言,都必须通过古代的文字。因为口语必随时间而消逝,只有文字能超越时间和空间的限制而保留语言的部分面貌。不过,拼音文字所记录的是词的声音,通过声音才可考到词义。而汉字是表意文字,字形直接以它所记录的词的意义为依据。因此,字形便成为考义的重要因素。中国的文字学也因而进入语言学的一个部门。但是,文字学与训诂学是从不同的角度来看字形的。文字学研究字形的构造方式、演变规律。而训诂学则只注重在造字初期形与义如何结合,在文字与语言发展过程中形与义如何一方面仍然保持新的联系,一方面又逐渐脱节。在弄清这方面的规律后,训诂学的目的是要从脱节的形与义中追溯其原始的统一,从而利用其统一的状态因形而考义,也就是因字而见词。自许慎运用形义统一的原则著《说文解字》以来,从字形中探求词义便成为训诂学家十分注目的重要课题。

《说文》所作的字义说解是取材经典、并与字形相贴切的。历代用《说文》来治训诂之学的人,都以这部书为依据,参之先秦经典,以求本字本义,并把本字作为辨别同音假借的依据,把本义作为词义引申的出发点,这便是"以形索义"的训诂方法。以后发现了比《说文》的篆、古、籀更早的甲骨、金文,文字学的研究有了很大的突破。但对于训诂学,有关形义关系的种种说法并未打破,本字、本义等基本概念仍未取消,仍是沿着"以形索义"的方法前进,只不过更早的金文、甲骨字形,对《说文》的篆、古、籀形体及说解有进一步证实其正确或驳斥其谬误的作用罢了。

但是,字形与字义之间表面的联系,是在造字初期的极为狭小的范围内得以体现的。越到后来,随着汉字表音趋向的增强,形义关系便逐渐脱节。这主要表现在古代文献用字时并不完全按造字初期那样只写本字,而往往依照它的声音选择一个后出字甚至假借字来写。对训诂学来说,重要的不在它写哪个字,而在它用的是哪个词,这个词的词义是什么。为了探求它的词义,训诂学就必须沿着声音的线索将本字找到,才可进一步利用那个与词义直接联系的字形来考察它的字义。除此之外,训诂家们还发现,汉字并非直接与词义结合,也不是与音、义分别结合。它所记录的是音、义结合的词。因此,它是与已经结合的音义统一体再度结合。它仅是语言的记录符号。词的发展变化从本质上并不依托于字形而是依托声音的。因此,大量音近义通的现象不仅被训诂实践所证实,而且从理论上也逐渐得到了解释。在这个基础上便发展起了传统的语源学。音义关系也随之被挖掘得更为深入了。不论是从借字求本字,还是凭意义相通来系联同源,都需要以声音为线索。"因声求义"的训诂方法,便更为引人注目地发展起来。

前代训诂学家对声音问题注意得很早,但是认识是很不自觉的。早在训诂萌芽的初期,便有了所谓的"声训"①。到了汉代,注释书和训释专书《说文》《尔雅》《方言》中都有较多的用声训来推求词义来源的实例。为了证实声义的关系,刘熙写出了全部用声音作训诂的《释名》,企图找出每一个物名音义的来源,虽然出现了一些纰缪,但却以夸大的方式再度提醒人们重视音义关系的奥秘。到了清代,便有了"义以音生,字从音造"、"故训声音,相为表里"、"训诂之旨,本于声

---

① 黄季刚先生以为《大戴礼记》载虞史伯夷之言"明,孟也;幽,幼也"是最早的声训。按虞舜的时间算,距今已有四千多年了。

音"等更为明确的论述,同时还有了更为精确的实践。段玉裁作《说文解字注》,十分重视用声音来贯通文字。王念孙作《广雅疏证》,贯彻"就古音以求古义,引申触类,不限形体"的原则。到章太炎作《文始》,才用科学的语言学从理论上初次揭开了音近义通的"谜",确定了它的适应范围。刘师培、沈兼士、杨树达诸学者对语源字族的探讨也提出了许多有价值的见解。而黄季刚先生运用因声求义的方法进一步探讨名物的来源,使音义关系的普遍性得到了更深入的解释。

训诂借助音与形来探求词义,因为它们是意义所依托的形式——口头形式与书面形式,而词义则是词的内容。通过形式来研究内容,必须在了解内容本身规律的基础上。训诂学应当也必须以词的内容——义的研究为出发点和落脚点。因此,对词义本身的研究,便成为训诂学更为重要的课题。

前代训诂学家对词义本身规律的探讨,范围是比较广的,大约有以下几个方面:

首先是词汇按意义整理的问题。《尔雅》开始了根据义类整理同义词的工作,这是一个久远而继之不衰的词义学课题。不过,《尔雅》对同义词的归纳整理是依照经传的训释,其中本义、引申义甚至假借义兼采,概括词义与随文释义不分。准确说来,只是一批"同训词"或"互训词"的资料。但是,《尔雅》首创的同义词相互比较的方法,却成为训诂学的一个重要方法。在此基础上发展起来的"雅学",又丰富和发展了这个方法。

除了同义词横向的比较外,训诂学还注意了词义的纵向的运动发展规律。南唐徐锴首次提出词义引申的问题,从字形所提供的本义出发,来研究引申的方向、层次和结果。到王念孙的《广雅疏证》和段玉裁的《说文解字注》,对引申义的探讨达到了一个新的高度,开始接触到引申的规律问题了。但是,在这些著述中,仍然只停留在分别研究具体词的引申系统,其间或有部分的归纳综合,还没有对汉语词义的引申问题作进一步的理论研究。

从对词义的个别训释和具体整理,达到对词义的特性和规律进行理论的探讨,从而形成体系,这是旧的训诂之学向科学词义学前进的过渡。这个任务,是由近代学者章太炎、黄季刚先生完成的。

章太炎先生在《国故论衡》开篇的《小学略说》中有一段很重要的话。他说:

> 大凡惑并音者,多谓形体可废,废则言语道窒而越乡为异国矣。滞形体者,又以声音可遗,遗则形为糟粕而书契与口语益离矣。余以寡昧,属兹衰乱,悼古义之沦丧,愍民言之未理,故作《文始》以明语原,次《小学答问》以见本字,述《新方言》以一萌俗。简要之义,著在兹编,旧有论籑,亦或入录。

这段话,是章太炎先生以词义为中心研究训诂学的纲领,由此可将他更新训诂学的内容和方法的主张总结为以下几点:

第一,他主张将音、形结合,互相参照,共同作为解义的

工具。同时又以词义的探讨为出发点,进一步推动文字、音韵之学的发展;

第二,他主张从文字推出语词,将书面语与口语结合,文献语言与当代方言结合,开展新的词义学和方言词汇学的研究;

第三,他主张仍用形、音、义结合的原则探求由旧词派生新词的规律,也就是把汉语语源的研究科学化。

《文始》《小学答问》《新方言》是他具体实践这些主张的代表作。当然,这些著作确实存在一定的缺欠,但正如杨树达先生在评论《马氏文通》时所说:"顾天下事创始者难为功,马氏之卓绝者在是,其书之不无遗恨者亦在是。"①象《文始》这部汉语语源学的创始之作,与马氏之创始汉语语法一样,也难求全,而章太炎先生的这些主张,却是十分可贵的。

继章太炎之后的黄季刚先生,对训诂学走上科学词义学的新路作了进一步的努力。他深入地研究了前代传统训诂学的主要著作如《尔雅》《小尔雅》《方言》《释名》《广雅》和后来的《广雅疏证》《通俗编》等书,着重从这些著作中总结方法和理论。他的更主要的贡献是系统地发掘了词义的一般特点。从他的著作中,我们可以得到启示,归纳出词义的如下特点:

(一)体现在字形上的字义与显现在文献语言中的词义既有联系又不尽相同。前者是后者的具体化和形象化。这

_____

① 见杨树达先生《〈马氏文通〉刊误自序》。

就是他所说的"说字之训诂与解文之训诂"。

（二）词书中归纳总结出的词义与文献语言中的词义训释不尽相同。这是因为，词作为语言建筑材料载入训诂专书，而未曾进入某一具体语句时，它的意义是概括的，而当同一个词在具体的文献语言的语句中出现时，词义的概括程度就要减弱，显示出的具体内容也不一样了。这就是他所说的"独立之训诂与隶属之训诂"。

（三）词义处在不断运动中，于本有的单义中延伸出许多相关的意义，这就是引申。引申同时推动了新词的派生。他所说的"本有之训诂与后起之训诂"，就指的是本义与引申义。

（四）词与词之间所发生的意义联系是多方面的：有偶然的相近与同源的相近；有个别或部分的相近与整体的相近；有左右并列的相近与前后承接的相近；……在这些意义的比较中，可以显示词义一定的规律。这就是他所说的"相容"、"相入"和"相距"，以及"引申有横有直"①。

这些说法，为进一步探讨词义的规律打下了基础。

由此可见，传统训诂学发展到章、黄，已经开始向科学的词义学迈进。而且，到此为止，许多训诂方法的课题都经前

---

① 黄季刚先生的《训诂学讲词》中说："训诂之形式有三：一相容◎，二相入⊙，三相距○○。"（《黄侃国学讲义录》，中华书局，2006年，第239页）这里是讲词义的外延有包括、交叉和并列等三种关系。又说"引申有横有直"。他所说的"直"，是词义纵向的相承，"横"则是词义横向的联系。

人从实践中逐步提出并有所解决。旧训诂学所提出的课题给训诂方法的科学化开辟了道路。

五

沿着旧训诂之学提出的课题,学习并总结前代训诂学家的丰富经验,训诂学在探求、证实、训释和整理词义时,便产生了三种方法,即:根据形义关系的规律而有的"以形索义"方法,根据音义关系的规律而有的"因声求义"方法和根据词义本身运动变化与相互联系的规律而有的"比较互证"方法。与前面提出的训诂内容系统相应,训诂方法也可以表现为如下系统.

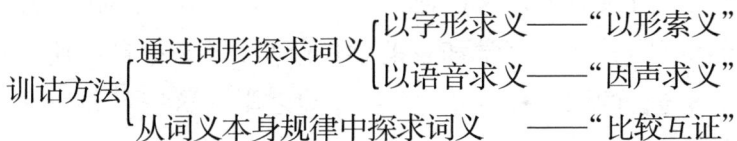

$$
\text{训诂方法}
\begin{cases}
\text{通过词形探求词义}
\begin{cases}
\text{以字形求义——"以形索义"} \\
\text{以语音求义——"因声求义"}
\end{cases} \\
\text{从词义本身规律中探求词义 ——"比较互证"}
\end{cases}
$$

这些方法都需要从原理上一一加以论证。而在具体运用这些方法的时候,还有几点必须进一步说明:

(一)在运用无论哪一种训诂方法时,都有一个共同的原则,那就是必须核证于古代文献语言,并联系古代社会的生活、习俗、历史和典章制度。因为离开了这些客观材料的依据,训诂便成为一种主观臆断甚至文字游戏,则毫不足取了。

(二)三种训诂方法必须结合起来使用,但在解决不同问题时,可以侧重使用其中的一种方法。究竟主要使用哪种方法更合适些,这要看提出的问题具备哪方面的已知条件和需要首先探求哪方面的未知条件而定。

（三）在运用训诂方法时,必须以文字学和音韵学的研究成果为工具。这两门学科的结论准确的程度,必将影响到训诂实践的准确性。比如,在运用"以形索义"的训诂方法时,必须首先根据《说文》,参之甲骨、钟鼎及后代文字。而《说文》说法有误、甲骨钟鼎亦未足以匡谬之时,想要通过字形来探求字义,就很难准确。又如,在运用"因声求义"的训诂方法时,需要依据古韵分部研究成果。在《诗经》音系的研究本身未能尽善而上古音系尚不能等于《诗经》音系时,有些同音借用和同源的现象就很难从声音上证实。反之,文字学和音韵学的每一个新的研究成果,都会推动训诂学进一步证实或解决一批疑难的词义问题。所以,训诂工作者不论在什么时候都极需关注文字学和音韵学的新成果,并把自己研究中有关形与音的课题提供给文字、音韵之学。这三门科学是不可分割的。

（四）训诂学的研究对象应当扩大到各个历史时期的词义,但必须是以断代研究为基础。因为断代的研究自然会总结出当时的某些特殊规律,但这些特殊规律又必然包含在汉语词义的一般规律之中。只有在一段段的断代研究都踏踏实实进行之后,才能把汉语词义的更普遍的规律总结出来。而在断代的研究中,从先秦文献的语言入手,首先把"九经三传"的训诂材料充分运用起来总结出规律,确实是发展科学训诂学的一条从实际出发的途径。而这方面的工作不是做得多了,而是做得很不够。所以,在发展古代汉语以至现代汉语词义学时,旧的训诂材料不是可以作废了,而是还应发挥其应有的作用。

训诂学的复生、发展要仰赖训诂方法的科学化,而训诂方法科学化的工作又是一项艰巨而庞杂的工作。但是,一个各门科学迅速发展的时代已经到来,在大家的共同努力下,我们相信,这项工作一定能很好地、尽快地完成!

《说文解字》与"以形索义"的训诂方法

古代书面汉语是用汉字记录的,经过数千年,古代口头语言早已消亡,汉字就成为了解古代汉语的枢纽。汉字是表意文字,最早的汉字是按照字义来绘形的,所以,字形和字义往往发生直接的联系。这就使通过字形来推求和证明文献的词义成为可能。"以形索义"便因此成为训诂学最早提出的一个重要方法。这种方法尽管在应用时限制性很大,离开了训诂的另一个方法"因声求义",又很难完全准确。但是,由于古代汉字具有表意、尚形的特点,完全撇开文字的形体去研究词义几乎是做不到的。

传统语言文字学把形义统一看作研究古文字和古代文献词义的一个重要原则,看作由字而及词的一个重要途径。最早把理论和实践结合起来,全面系统地贯彻这个原则来说形说义的,是许慎的《说文解字》。《说文解字》就其编排的体例来说,是一部文字专书,但是,作为汉代古文大师贾逵的学生、被称作"五经无双"的许慎,他著《说文解字》的目的却是为了传播和解释古文经典。所以,他是严格地从古代文献的用词中来摘取词义的训释的。从这个意义上说,《说文解字》又是一部在训诂上作出重大贡献的专书。历来运用"以形索义"的训诂方法,都不能离开《说文解字》。今天,在总结"以形索义"的训诂方法时,也必须以这部书作为实践的主要工具和理论的原始依据。

形义统一的一般规律和"以形索义"的
适应条件

传统语言文字学是用"六书"①来分析字形的。"六书"中反映字形结构的是前四书,即象形、指事、会意、形声。但是就据义绘形的类型来看,这四书实际上只有两种类型:

第一种类型包括象形、指事和会意。它们共同的特点是利用字所记录的词义中具体的一面来直接绘形。因此,在这三种形体结构中,形与义的联系是个体的,又是具体的。对于相近之字,直接以形区别。例如,口是"围"的原始字形,象包围之状;回即"回转"之"回"字,象回转之形。一静一动,意义相近。绘形时则一作单环,一作双环,或以◎别之。"围"本应呈圆形,整齐化以后写作方形,又需与"方圆"的"方"字区别,"方"则作冂,留一面不封口。"围"与"包"情状近似,"包"则作勹,以与冂区别。又如,牛与羊在生活里虽然一看便能分开,但绘成文字符号却很难区别,于是只得采取不同的角度,突出它们各自的特点,小篆"牛"作牜,《说文》说"象

---

① "六书"指象形、指事、会意、形声、转注、假借。这是有关汉字较习见的术语。对于"六书"的解释,前四书一般分歧不大,转注与假借本文不准备过多涉及,因此,这里不再作详细论述。可参看《说文解字通论》一书。

角头三封尾之形";"羊"作羊,"象头角足尾之形"。实际上是前者突出牛的肩部,后者突出羊的犄角……从这类形体中,既可以分析出它所记录的词义,也可以分析出古人对这个意义的具体观察和认识,还可以从它与其他近似字的区别中了解它的词义特点。因此,这类形体在索义时可参考的价值是较大的。

第二种类型包括形声。它是半标形,半标声。标形的一半也只是借别的字义来表明它本身意义的类别,而不是直接根据自己的意义绘形。因此,它的形与义的联系是间接的,成批的,带有概括性的。对于义类相同之字,它们的区别在标音的那一面。所以,这类形体在索义时可以提供的依据是比较笼统的。例如,从"辵"的"迎"、"遇"、"迪"、"返"、"遲"、"追"……;从"走"的"越"、"趁"、"趣"、"趣"、"赳"、"赶"……;从"足"的"跟"、"踏"、"路"、"躪"……;从"止"的"歱"、"歫"、"歷"、"歸"……;它们字各有别、义各有异,从这些形体中能给我们辨别字义的参考有一点是共同的,那就是它们的意义都与行走有关。而每个字之间意义的差别和更具体的词义特点,只有从声音中去进一步探求了。

尽管这两种类型就形义关系的联系方式和密切程度来说是有区别的,但形义必相贴切却是共同的。这一点,在《说文解字》中少有例外。黄季刚先生在论及《说文》之训诂必与形相贴切时说:"《说文》之作,至为谨慎。叙称博考通人,至于小大,是其所说皆有来历。今观每字说解,俱极谨严。如'示'云:'天垂象,见凶吉,所以示人也。从二。三垂,日、月、星也。观乎天文,以察时变,示神事也。''示',合体指事字,为托物以寄事,故言'天垂象,见凶吉,所以示人'也。如不说'天',则'二'无根据,不说'垂象',则三垂无所系,言'示神事',为在下凡从示之字安根。……又如'瓃'云:'金之美者,与玉同色','与玉同色'句为下文'从玉'二字而设。'霝'云:'霝巫以玉事神','以玉事神'句亦为下文'从玉'二字而设。凡说解中从字必与其形相应,字不虚设。"(《训诂学讲词》)这段话说明了许氏《说文》的一个体例,也说明了许学在形义关系上的一个重要观点。

《说文解字》在贯彻形义结合这一原则时,并不是只以字义的说解去附会字形,而是严格按照实际语言中确曾用过的词义来求得与字形的一致的。例如,《说文·一下·艸部》:"若,择菜也。从艸右。右,手也。"许书因"若"从"艸"、从"右",而"右"代表手,所以训"择菜"。而手之用于艸,可以拔,可以种,可以修,可以剪,何以非训"择"不可呢?段玉裁在注释这条训诂时,引《国语·晋语》中秦穆公的一段话:"夫晋国之乱,吾谁使先若夫二长子而立之,以为朝夕之急。"段说:"此谓使谁先择二公子而立之,'若'正训择。择菜,引申之义也。"其实,金文屮字即"若"字,正象以手择菜之状。择菜并非引申之义,不过是"择"这个概括词义在造字绘形时的具体化。段玉裁的这条注释,确实很能反映许慎对"若"字形、义解说的根据和意图。又如,《说文·十四上·车部》:"斩,截也。从车斤,斩法车裂也。""斩"当"截断"讲,是它的概括词义,具体到字形上,从"斤"的根据见《周礼·秋官·掌戮》:"掌斩杀贼谍而搏之。"郑注:"斩以鈇钺,若今要(按:即"腰")斩也。"《国语》《公羊传》等也有斩用鈇钺的记载。"斤"即鈇钺之类,所以从"斤"。为什么从"车"?《说文》明言:"斩法车裂也。"《车部》:"轘,车裂人也。从车瞏声。《春秋传》曰:'轘诸栗门。'"《周礼·秋官·条狼氏》:"誓驭曰车轘。"郑注:"车轘,谓车裂也。"可见"斩"从"车"和"轘"从"车"之义相同。

许慎的说解都能从文献上找到根据。这就说明,形义统一的原则并非人为的牵合,而是反映了早期汉字造字的客观规律。义是形的根据,所以王筠在《说文释例·序》里说:"其字之为事而作者,即据事以审字,勿由字以生事;其字之为物而作者,即据物以察字,勿泥字以造物。"他的意思是说,字之有义,是由语言而来,有文献可考定;而字之有形,是据义而绘写。形是语言之外的东西,所以,考定形义关系时,要从客观词义出发,而不能凭着人为的字形去附会。文字是一种符号,形体不断发生着脱离语言的自身变化,望形生训是极为危险的。《说文》中确有讲解字形失误的地方,但因为它的字义说解不是"由字而生事"、"泥字以造物",所以仍能反映客观,对统一形与义有较大的参考价值。例如,《说文·二上·口部》:"吉,善也,从士口。"从说解看是个会意字,但"士口"与"善"的关系无法解释。要解决这个问题,需从"善"这个意义入手。"善"与"恶"相对,古代以直为善、为幸,以曲为恶、为凶。《说文·十下·夭部》:"夭,屈也。"即是"歪",也就是"不直",所以"妖"从"夭"。而"幸"下说:"吉而免凶也。"

“綷”从“幸”，训“直也”（《十三上·糸部》）。“婞，很也。”（《十二下·女部》）“很”就是“鲠直”。《楚辞·离骚》“鲧婞直以亡身兮”，《惜诵》“行婞直而不豫兮”，都是“幸”与“直”相通之证。“吉”与“幸”同义，与“凶”、“夭”反义，也有“直”义。《说文·九上·页部》：“颉，直项也。”《八上·人部》：“佶，正也。”《六上·木部》：“桔……一曰直木也。”都可证“吉”训“善”，义通“幸”通“直”。从这些词义出发，参照甲骨字形，形义关系便清楚了。甲骨“吉”作“[illegible]”，于省吾说，[illegible]象句兵（戈戟），凵象笑卢（竹器），是置句兵于笑卢之状。这个说法有一定道理，但未能尽善。其实[illegible]是箭，凵是囊，用以保护自己，所以有“善”义。而“矢”在古代又是“正”、“直”的同义词。“榘”下曰：“矢者，其中正也。”“短”下曰：“有所長短，以矢为正。”“弞”下曰：“从矢，取词之所之如矢也。”箭矢射出方向正，去向直，就能猎获，所以有“直”义，也有“善”义。由此可见，“吉”从士口，已经是演变以后的字形了，“士”是“[illegible]”的演化，“口”是“凵”的演化。许慎按符号化后的文字来说字形，自然不准确，但从客观词义出发，参照更早的文字形体，仍可将形义统一起来。可见许慎的字义说解并非只为附会字形，而是为了解释文献语言，有确实曾被用过的词义为根据的。《说文解字》所以能成为我们运用以形索义方法的重要工具书，正因为它是立足于文献语言来研究文字的，不会使我们堕入文字游戏的歧途。

从造字的原则看，形义的统一应当是没有例外的。但是，字和词都在不断地发展，造字时形义统一的原则，越到后来就越看不清楚,甚至渐渐在发展中被破坏了。所以,"形义统一"不是在一切情况下都绝对成立。在运用字形来探求词义的具体实践中,必须符合以下几个条件:

第一,只有本义才直接与字形切合,近引申义与字形的关系只能见其端倪,而远引申义与字形的关系则是模胡不清的。但是,由于本义乃是引申义的源头,所以,根据字形来推求引申义或根据引申义来解释字形又是可以做到的。例如,《说文·一下·屮部》:"屯,难也。象艸木之初生屯然而难。从屮贯一。一,地也,尾曲。《易》曰:'屯刚柔始交而难生。'"许慎的说解既详尽又具体地体现了形义的统一。草木初生时需拱土而出,形状都是弯曲的,卜辞"屯"作 ,"春"以"屯"作 、作 ,更可见它的形体是一个正在破土而出的子芽。这个形状反映了"难"义,也很容易理解。《说文·十四下·乙部》:"乙,象春艸木冤曲而出,阴气尚彊,其出乙乙也,与丨同意。"段玉裁注:"冤之言郁,曲之言诎也。乙乙,难出之貌。"又引《月令》郑玄注:"乙之言轧也。时万物皆抽轧而出,物之出土艰屯,如车之辗地涩滞。"正可作"屯"有"难"义的佐证。"屯"训"难",文献可找出多种根据。《庄子·外物》:"慰暋沈屯",司马注:"屯,难也。"《文选·幽通赋》:"纷屯邅与蹇连兮",曹注:"屯、蹇,皆难也。"但是"屯"的常用义不是"难",而是"聚"。《广雅·释诂三》:"屯,聚也。"《汉书·陈胜传》:"胜、广皆为屯长。"颜师古注:"人所聚曰屯。"所以聚兵叫"屯兵",聚农而耕作叫"屯耕",人之聚处叫"邨"(按:即"村"),也从"屯"。要想理解这个词义,还要从"屯"

的草木初生之形去找。草木之芽始生时,先在土下屯居,生命力聚于地下,所以"屯"引申而有"聚"义。"屯"又有"满盈"、"固"、"厚"等义,又是从"聚"义引申而来的。《周易·序卦》:"屯者,盈也。"《左传·闵公元年》:"屯固比入,吉孰大焉,其必蕃昌。"《国语·晋语》:"厚之至也故曰屯。"这些意义都必须依次追溯到它的本义,才可用形体来解释。

第二,只有本字才能直接反映本义。用借字的字形来解释词义,必然犯"望形生训"的毛病。例如,今天"冒昧"一词的"昧"字写"昧"。《说文·七上·日部》:"昧,爽旦明也。从日未声。""冒昧"意思是不顾一切的举止,"昧"从"日",很难解释"冒昧"之义。"冒昧"的"昧"本字在《九上·页部》:"頢,昧前也。从页炅声,读若昧。""頢"从"页",有迎面向前之义,可见"冒昧"本应作"冒頢"。又如,《史记·平原君列传》:"平原君,翩翩浊世之佳公子也。"《索隐述赞》也有"翩翩公子"之说。《说文·四上·羽部》:"翩,疾飞也。"有人从这个形体出发,把"翩翩"解释作体态轻盈,一似疾飞之状。这未免望形而生训了。曹丕《与吴质书》有"元瑜书记翩翩,致足乐也",刘良注:"翩翩,美貌。"这里"翩翩"一词显然与"翩翩公子"的"翩翩"同义,便难以用"疾飞"来穿凿了。《说文·九上·页部》:"頨,头妍也。从页,翩省声。读若翩。"《说文》的"读若"又一次启发我们,经典所用的"翩",本字应是"頨"。"頨"训"头妍"。汉人以"妍"为"妍媸"之"妍",当美貌讲。《方言》卷一:"秦晋之间,凡好而轻者谓之娥。自关而东河济之间谓之媌,或谓之姣,赵、魏、燕、代之间曰姝,或曰姅。自关而西秦晋之故都曰妍,好其通语也。"可见"妍"即是面貌俊美。"頨"训"头妍","頨妍"又常合成叠韵连绵词,"頨"的词义当"美貌"讲便不容置疑了。"翩翩"即是"頨頨",义为面貌俊美,引申为文辞佳妙,字从"页",表示颜面,形义确是统一的。训诂家们要从《说文》中找到本字,并非复古保守,要提倡人们按《说文》来写本字,不过是为了求得反映本义的原始字形,以便运用以形索义的方法,对这个字所记录的词义作进一步的探讨罢了。

第三,只有"笔意"才能与意义切合,"笔势"大部分已游离了字义。许慎在《说文解字叙》中提出"厥意可得而说"的问题,黄季刚先生从"厥意"中得出"笔意"这个术语,是指能够体现原始造字意图的字形。与"笔意"相对的是"笔势",是指经过演变,加以符号化,从而脱离了原始造字意图的字形。《说文解字》的小篆是比较晚的文字,这种文字已经过一番加工整理,许多已是"笔势"了。许慎常有依笔势来说字的地方,往往发生错误。可幸者《说文》所收之字来自古代文献,互相有联系,彼此成体系。佐之更早的甲骨、金文,则可由笔势推出笔意来,然后便可贯彻形义统一的原则。例如"因"。《说文·六下·囗部》:"因,就也,从囗大。"从许慎的说解看,形义的关系很难琢磨。段玉裁强为之注说:"从囗大,就其区域而扩充之也。"说法也非常牵强。《说文·一下·艸部》:"茵,车重席。"字或作"鞇"。甲骨作""。"席"的古文作,从厂,象席形,正是"因"字。可知"因"即是"茵"的古文,正如"互"是"笠"的古文。"因"象席子,中间是席纹,是

个纯象形字。所谓"口"、"大"已全是笔势了。席子是人所凭依的,所以有"靠"、"就"义,古代席重于筵上,所以有"因袭"义。就其笔意看,形义完全是统一的。再如"辰"。《说文·十四下·辰部》:"辰,震也。三月阳气动,雷电振,民农时也。物皆生。从乙,乚象芒达,厂声也。辰,房星,天时也。从二,二,古文上字。"古文"辰"作"帀"。许慎的这个说法,根据汉人阴阳五行的谬说以解干支,把"辰"的形义关系复杂化了。其实,"辰"就是"蜃"的古文。《说文·十三上·虫部》:"蜃,雉入海化为蜃。"即是一种海生的大蛤蜊。金文"辰"作帀(盂鼎)、帀(毕仲孙子敦),甲骨作帀、帀,都可明显看出象蛤蜊的形体。太古以蛤壳作犁头,进行耕种,晚卜辞"辰"刻作帀,纯为犁头之形。所以"農"从"辰"。《一下·蓐部》:"蓐,陈艸复生也。"《六上·木部》:"樗,薅器也。"重文作"鎒",从"金"。可知犁地首先除草,而犁头先用蛤壳,后用铜铁,而犁柄则用木制。农贵时,所以"辰"引申有时义。"晨"因此从"辰"。《十四下·辰部》"辱"下说:"辰者农之时也,故房星为辰,田候也。"脣形似蛤,故"脣"从"辰";女阴与蛤形似,故女子月经称"月辰"。《礼记·内则》:"妻将生子,及月辰,居侧室。""月辰"即是月经。而"辱"从"辰",有污脏、耻辱之义。(一说月经称"月辰",又称"月信",是由"时"义引申。)可见,《说文》中小篆和古文的形体,都是蛤形和犁头形进一步符号化的结果,已经变为笔势了。找到它象蛤与象犁头的笔意后,"辰"与从"辰"之字的意义就不难理解了。

以上三条,是运用"以形索义"的训诂方法的适应条件。

但是,在古代文献中,完全具备这三个条件的用字是比较少的,即使在《说文》这部书里,也有相当一部分字并不符合或不完全符合这三个条件。要想运用"以形索义"的方法,必须对形义关系变化发展的规律和形义脱节的各种表现作深入细致的探讨,在这个基础上,求得正确而有效的途径,将不适应的条件改变为适应的条件。

字与词的差异和形义关系的复杂性

在古代文献阅读中,人们常把字与词的关系简单化,除了少数双音或多音的单纯词(如连绵词)外,一般认为一个字就是一个用书写形式表现出来的单音词。这对已经用作记录符号写进文献的字来说,本来是无可非议的。但是,文字是记录语言的符号,它的发展固然相当一部分动因来自语言的变化,而它的特殊职能和本身的特点,又决定了它还有脱离语言制约的自身发展规律。前一种发展使文字与语言发生密切的、不可分割的关系,而后一种发展则形成字与词的各种矛盾与差异。将全部文字系统与整个词汇系统作一比较,就可以看出,字与词绝非一对一的简单对当关系。形义关系存在各种复杂性。只有剖清各种复杂的现象,才能正确运用以形索义的方法来探求词义。

许慎在《说文解字》里力求用形音义统一的原则,通过五百四十部,以"六书"为分析字形的准则,达到将文字系统化、规范化的目的。但文字比之语言虽然带有一些人为性,却毕竟不能完全由一人一时来决定。因此,《说文解字》未免存在很多斧凿的痕迹。从《说文解字》看形与义的关系,既能看出由于文字和语言发展造成的自然复杂性,又能看出由于强求形义统一而形成的人为复杂性。既然研究《说文解字》是运用"以形索义"训诂方法的必由之径,那就必须把《说文》中的一些复杂现象摸清,并根据其中的规律,排除障碍,求得正确的途径。脱离《说文》往往行不通,而拘于《说文》更易误失。正确的方法应是依靠《说文》,参照其他,分析综合,去伪存真。

下面列举的几种情况都是在运用"以形索义"方法时必须注意的。

(一)非字之形

《说文解字》中有许多形体是不曾被当作字来用过的,特别是在部首中,这种现象更为普遍,所以它其实不可能有确定的音,也不可能有固定的义。例如:

"一"。《说文·一上·一部》对"一"的解释是:"惟初太始,道立于一,造分天地,化成万物。凡一之属皆从一。"古文作"弌"。这个"一"应是数目字的"一",但从"一"之字并无用"一"之义者。不但《一上·一部》的"元"、"天"、"丕"、"吏"从"一"之义与数目字无关,其他部的从"一"之字,表示的也都是其他意义:

在上表示天,如:

《十一下·雨部》"雨"下说:"一象天。"

《十二上·不部》"不"下说:"一犹天也。"

在下表示地,如:

《一下·屮部》"屯"下说:"一,地也。"

《七上·旦部》"旦"下说:"一,地也。"

《七下·韭部》"韭"下说:"一,地也。"

表示某个部位,如:

《六上·木部》"本"下说:"从木,一在其下。""朱"下说:"从木,一在其中。""末"下说:"从木,一在其上。"

表示某种障碍,如:

《二下·正部》"正"下说:"从止,一以止。"

《十一下·川部》"巜"下说:"从一雝川。"

表示某种细而直的物件,如:

《十下·夫部》"夫"下说:"一以象簪也。"

而且,从"一"之字有时还可写作"二",如"示"或作"爪",
"正"或作"㞷"……可见"一"只是一种字形的局部构件,甚至
是一种笔划,并非字的全形。所以从"一"之字大多不算合体
字,许慎在"一"的字义说解中用了那样一段虚玄而含混的
话,除了当时的文风、学风所致,与从"一"之字并未采用"一"
的固定音义也是有关的。

"丨"。《一上·丨部》:"上下通也,引而上行读若囟,引

而下行读若退。"大徐本①给它注音读"古本切"（今读 gǔn），
与"凶"、"退"均不同音。首先，"引而上行"、"引而下行"之
说很难站住脚，因为文字是以静态的形体向读者传达语言，
"引而上行"或"下行"是无法起到"分理别异"的作用的。从
"丨"之字如"中"、"屮"、"中""玉"等，无非是用"丨"标志一
种上下通的直立形象或贯穿物。"上下通"不能说是"丨"的
字义，最多只能说是一种造形的意图。

"丶"。《五上·丶部》："有所绝止，丶而识之也。"从解
说看这个形体也不过是个标点符号，其实并无意义。"主"字
中的"丶"不过是"主"字形中的一个构件。

"丿、乀"。《十二下·丿部》："丿，右戾也，象左引之
形。""乀，左戾也，从反丿，读与弗同。"这两个形体都不是字，
只是将"乂"分成左右两个形体，"乂（刈）"与"弗"的形体只
是在构件上有丿、乀两个笔划，并非从丿与乀。

……

在《说文》中，有的还为这些构件注了音，如乀，"读与弗
同"。"主"从"丶"声。这些都是从它们所从之字附会出的。

在形体中，构件与全字本是相互转化的，独体字单用是
全字，用来构成合体字时则成为合体字的构件，但以上形体
是不能当作独体字用的，所以只能看作构件。它没有自身的
读音，也没有在运用中显现出的词义，只有一种文字学家分
析出的构形意图。在运用以形索义方法时，必须注意这种

---

① 南唐徐铉校定的《说文解字》本俗称大徐本。

形体。

除了许书明列为一字的情况外,有些非字的构件还因为与另一全字偶然同形暗含在其他字中。例如《八上·尸部》:"尸,陈也,象卧之形。"这个"尸"即是"尸体"之"尸"字,从"尸"的字多与人体的臀尾部有关,便可知道它的本义。但是,从"尸"之字也有"屋"、"廎"(此宫殿之殿字)、"层"等与建筑物有关的。这个形体还可以在"克"的字形中找到。《七上·克部》:",肩也,象屋下刻木之形。""克"下的"",即是"屋"、"廎"、"层"中的"尸",画的是建筑物的栋梁,弯曲表示承担重量之形。"屋"的古文作"","克"的古文作"",""与""代替"",也是画的房梁。所以,"屋"、"廎"、"层"等字中的"尸"并非"尸陈"、"尸"之"尸"字,乃是另一个与之同形的文字构件。"克"之训"肩"(担负)而从"尸",正是体现了这个构件的形体意图。不能正确了解有形无义的现象,而将构件与全字混淆,就很难正确解释这些字的形义关系。

(二)一形数用

形体对于它所记录的词义,只能是大致地、象征性地反映,不可能如绘画、摄影般地细腻精确。由于书写、记录的需要,字形总是向着整齐化、简略化的方向发展。因此,不同的词偶然采用了同一形体的现象就在所难免。笔划越简单,象征性越强,数用的情况越容易发生。文字是要求"分理别异"的,同一形体兼作两字两义,对作者和读者都不方便,而文字的整理者出于规范化的要求,也不愿承认这种一形数用的情况。所以,《说文》的正篆中绝不出现两个重复的字形。但是,《说文》从文字的实际出发,又不能否认一形数用的情况是大量存在的。因此,它用三种方法来搜集一些重复的字形:

1.介绍古、籀文与小篆的同形异字。如:

"屮"。《一下·屮部》"屮"下说:"古文或以为艸字。"(小篆"屮"与古文"艸"同形。)今《汉书》"艸"每作"屮",《荀子》"艸"也有作"屮"的。

"𡳿"。《二下·疋部》"疋"下说:"古文以为《诗·大疋》字(按:即"大雅"),亦以为足字,或曰胥字。"(按:"足"或因形体相近而相混,"胥"、"疋"为古今字,均不算一形数用。)

"廿"。《三上·童部》"童"下曰:"籀文童(𨤰)中与窃中同从廿,廿以为古文疾字。"《三上·十部》:"廿,二十并也。古文省。"

"𠬪"。《四下·𠬪部》"爰"下曰:"籀文以为车辕字。"(按:《十四上·车部》"辕"下不出此形。籀文或为用字之假借。)

2.介绍某些专书或字说采用的同形异字,如:

"𣪠":《三下·攴部》"𣪠"(大徐本注"市流切")下曰:"《周书》以为'讨',《诗》云:'无我𣪠兮。'"(按:《说文》取《诗经》的音与义,而《周书》与《诗经》同形异字。)

"𦥔":《三上·𠬞部》:"𦥔,举也。从𠬞由声。《春秋传》曰:'晋人或以广坠,楚人𦥔之。'黄颢说:'广车陷,楚人为举之。'杜林以为麒麟字。"以杜林说与黄颢说异。

"頫"：《九上·页部》："頫，低头也。从页逃省。太史卜书頫仰如此。楊雄曰：人面頫。"徐铉说："頫首者，逃亡之貌，故从逃省。今俗作俯，非是。"（按："頫逃"与"頫（俯）仰"义近。兼用一字，非偶然。）

3.介绍因方言差异而产生的同形异字。如：

"庌"：《九下·厂部》："庌，仰也。从人在厂上。一曰屋桷也。秦谓之桷，齐谓之庌。"《六上·木部》"楣"下说："齐谓之檐，楚谓之桷。"《木部》"檐"训"楣也"，"楣"训"桷也"。可见"庌"又与齐方言"檐"的音义相同，曾作过"檐"的异体字。

这样的介绍使一形数用的情况在《说文》中能较为合理地存在。但是，从文字的实际出发，在整个汉字体系中，形体的重复绝不都是以这种合理状态出现。即使在《说文》本书中，对一形数用的情况也无法都用古、籀、篆的区别，文献用字或字说说字的分歧，以及方言差异来解释。《说文》本书中也还存在着毫无缘由的重复形体。例如：

"𤣥"。《四下·玄部》以为它是古文"玄"字，而《十四下·申部》又指明它是古文"申"字。

"㑎"。《八上·人部》以为它是古文"保"字，而《十四下·子部》又明言它是古文"孟"字。

......

可见同是古文，又无字说分歧和方言差异，也可以出现一形数用的问题。而且，除了《说文》明文介绍的一形数用外,还广泛地存在着一形数音的现象。"玖"、"丨"、"蹁"、"甽"、"囷"、"匐"、"皀"、"邘"、"囧"、"瘟"、"裻"、"猣"、"猲"、"狛"、"炪"、"夲"、"媒"、"婪"、"铦"、"輻"、"幁"等字在《说文》的说解中都有明确的两个以上的读音。字是记录音义结合的词。《说文》中记录的不同读音,一般不包括语法音变或训诂音变,所以数音必然意味着数字、数词,也必然有数义。

除了明确的一形多音多义外,从《说文》和其他典籍及专书对照,还可以考察出一些同类情况。比如"卝"字,《说文·九下·石部》:"磺,铜铁朴石也。从石黄声,读若矿。卝,古文矿,《周礼》有卝人。"《周礼·地官》"卝人",郑注:"卝之言矿也。金玉未成器曰矿。"可见"卝"即是古"磺"(后出作"礦",简化为"矿")字。唐人张参《五经文字》说:"卝,古患反。《说文》以为古'卵'字。"唐玄度《九经字样》也说:"《说文》作卝,隶变作卵。"《周礼》贾公彦疏说,"卝"字除为"磺"的古文外,"复为总角之卝"。这些说法都是成立的。《诗·齐风·甫田》"总角卝兮","卝"即"卵",是梳在头两边的髻。《说文·十三上·絲部》"紷"从"卝"得声,读"古还切",证明"卝"确有"卵"的读音。

一形多音多义现象比较复杂,它与"本无其字,依声托事"的假借不同。假借虽不同义,但却必须同音,而一形数用多义必伴之以多音。它与孳乳分化也不一样,孳乳字必然音近义通,而一形数用则音义均无相同的渊源。它只是造字中字形的偶然重复。明了这种现象,在运用以形索义方法时便可避免拘于一音一义,而使语义难明。如不承认"艹"代表两字,"总角艹兮"硬用"磺"来解释,未免失之千里了。

(三)一字多形

一字多形即是异体字,这本是一种容易理解的现象。《说文》中的"重文"就是许慎对这种现象的公开承认。一字多形对"以形索义"是大有好处的。因为,不同的形体可以增加比较和参考的因素,使我们对这个形体所记录的词的本义得到多方面的了解。例如,"造"的古文"艁"从"舟",可以帮助我们了解它的本义是集舟而为浮桥,所以它与"集"、"就"音相近,义相通。"羔"的古文作"芈",象羊之形,知"羔"与"羊"本是 一字,确由"羊"得名。"備"的古文作"𤕟",从"女",可以确知它与"婦"(简化作"妇")、"服"均是同源字。

重文中有一部分是独体象形与加形旁标类后仍为一字的。例如:

"畫"与"劃"。《三下·畫部》:"畫,界也。象田四界,聿所以畫。"它有两个古文,一个从"聿"、从"田",另一个从"聿"、从"田"还从"刀"。从"刀"的重文说明,古文中"界畫"与"刻畫"是统一在一字中的多义。

"互"与"笡"。《五上·竹部》:"笡,可以收绳也。"古文作"互"。收绳之器为竹制,象形之后加"竹"旁标其类。

"哥"与"謌"。《五上·丂部》:"哥,声也。从二可,古文以为謌字。""哥"是"唱歌"的"歌"的本字,后加"言"以标其类。

"喜"与"歖"。《五上·喜部》:"喜,乐也。"并说:"歖,古文喜从欠,与欢同。""欢"训"喜乐"从"欠",表示一种溢于言表的欣喜,与仅仅心中的高兴有所不同。

"术"与"秫"。《七上·禾部》:"秫,稷之黏者,从禾,术象形。"或体"术",省禾。"术"本独体象形,加偏旁表示其为禾类。

……

这种公开标明的重文,又可证明异部的"共"与"拱","因"与"茵"、"鞇","次"与"茨"……凡所加偏旁表明的仍是原字的义类,那么,加上偏旁后与不加偏旁之字也是重文。

异体字在使用时是多余的,往往成为阅读的干扰,但在训诂中运用以形索义方法时,却大有裨益,不可忽视。

(四)广义分形

词义是概括性与具体性的统一,概括性表现在运用中则有广义。也就是说,词义的概括性越强,它所应用的范围越广。但是字形往往只能从它的具体性出发来绘制,所以,如果完全按照字形来解释字义,则字义往往比词义狭小。《说文》"若"训"择菜",是因为泥于它形体从"艸";而在应用时,却只有广泛的"择"义,并不必是"择菜"。"辅"从"车",必以"车辅"义解之,但文献中却常以之用作广泛的"辅佐"义,不必是"车辅"。这样,《说文》中有许多字义稍别而字形不同的字,从词的角度看,便可归纳为一个广义之词。只是因为《说文》把形义结合作为释字的准则,所以将记录广义词的字分形过细。这些字虽在字书中承担着包含在广义词里的各种具体词义,但在文献中却往往通用,而且都能承担广义。所以应当看作字分词不分,实际上也是一种异体字。章太炎先生《文始》中的多数"变易字",即是指的这种情况。在运用以形索义的训诂方法时,必须将广义而分形的字归纳到一起,才可于多种具体词义中见其概括词义。例如:

"噂"与"僔"。《二上·口部》:"噂,聚语也。从口尊声。《诗》曰:'噂沓背憎。'"《八上·人部》:"僔,聚也。从人尊声。《诗》曰:'僔沓背憎。'"两字下都引《诗·十月之交》文。《释文》"噂"下引《说文》作"僔",《左传·僖公十五年》也引作"僔",可见"噂"下引《诗》为后人所加。其实这两个字在应用时通用,意义都是"聚",引申为"多",本可不分形。但《说文》因"噂"从"口",便训为"聚语",而将从"人"之字训"聚"(实际为"聚众")。二字应归纳为一词。

"连"、"輦"、"聯"。《二下·辵部》:"连,员连也。从辵从车。"段玉裁以"员连"无解,改为"负车",即人在前輓车而行。《十四上·车部》:"輦,輓车也。从车从扶。在车前引之。"与"连"完全同义。《周礼·乡师》"輦輦",故书"輦"作"连",郑众注:"读为輦"。《十二上·耳部》:"聯,连也。从耳,耳连于颊也。从絲,絲连不绝也。"这三个字都可通用为"连缀"、"连接"、"关连"义。本来包含在同一广义之中,只因造字时体现了不同的意图而使字形有异,《说文》即分成三部放置,其实是一词。

"嘒"与"讉"。《二上·口部》:"嘒,小声也。从口彗声。《诗》曰:'嘒彼小星。'"而《三上·言部》:"讉,声也。从言岁声。《诗》曰:'有讉其声。'""有讉其声"即《云汉》"有嘒其星",知"嘒"、"讉"实为一字。

"逦"与"愆"。《二下·辵部》:"逦,过也,从辵侃声。"《十下·心部》:"愆,过也,从心衍声。"籀文作"𢓜",正从"侃"。"侃"、"衍"都在"寒"韵。"过"有"经过"、"过失"两义,所以一从"辵",一从"心",实为一字。

"殳"与"投"。《三下·殳部》:"殳,繇击也。从殳豆声,古文投如此。"《玉篇》作"遥击",《字林》始有"遥"字,《说文》"繇"即"遥"之借。向远处扔击,也就是"投"。《十二上·手部》:"投,擿也。从手从殳。"与"殳"同义。

……

这种现象,有人称作"异部重文"。而许书放在异部,与他正式标明的重文还有些差别,归纳更需花一番功夫。

运用以形索义的方法,须将这些材料归纳到一起。通过这些异体字来考察词义,可以更准确,更见其特点。

以上情况说明,以整个文字与全部词汇比较,它们的差异是显而易见的。"以形索义"的方法目的是为了通过字来研究词,所以,就必须重视这种差异。形同义分的,要将形分析区别开来;形分义同的,又要将形归纳统一起来。在矛盾中寻求统一,从差异中见其一致。这是从训诂的角度来研究文字不可缺少的工作。

汉字的表音趋向和造形与用字的矛盾

从汉字原始的造字原则来说,形义是统一的。但是,由于表意文字无法适应语言逐渐丰富和书面交流日益频繁的需要,就使汉字的表音趋向越来越明显。反映在造字上,首先是象形、指事和会意造字的能产量比例逐渐减少,形声成为主要的造字手段,后出的派生词大部分是用形声来造字的;其次,在派生词采用形声手段造字时,声母(按:指形声字的表音构件)的选择也渐渐只存声音这一因素而不泥于根词的形体了。因此,在理论上,"右文说"必然为"右音说"所代替。反映在用字上更为突出。说字之书尽管重形而用字之人却往往重音。同音替代的现象大量产生,有的已经过一段约定俗成被固定下来。这就使形与义脱节的现象越来越突出,而原来被形义关系冲淡了的音义关系越来越明显。字书与文献的用字已有很多地方不能统一,以致忠于文字现实的许慎,不得不在《说文》中对这种现象加以反映。《说文》中的"读若"和引经,有相当一部分是反映这种同音借用现象的。

造形与用字的矛盾尽管越来越大,但是汉字却始终未能发展成拼音文字,仅仅处在音意并存的状态,而且仍然是尚形的。因此,在研究古代文献的词义时,从形义矛盾的情况中追溯其发展线索,认识其演变规律,把声音这个因素考虑进去,仍可以探求到形义统一的原始状态。在做这个工作时,《说文》仍然可以给我们提供必要的线索。

造形与用字的矛盾主要来源于一般所称的"用字的假借"或"通假"。实际上,所谓的"通假"反映了两种不同的文字现象:一是同源通用字;二是同音借用字。

(一)同源通用字

新词因词义引申而派生后,便孳乳出相应的新字。新字的字义已由发源字(按:指孳乳字的直接发源字)分化出来,但是,由于过去长期的习惯,在新字尚未被完全习用的过渡阶段,有与发源字通用的情况。这就是同源通用字。例如:

"風"与"諷"(简化作"风"与"讽")。《说文·十三下·风部》:"风,八风也。……"指自然之风,引申为"风化",《诗·序》:"上以风化下,下以风刺上。"后将"下刺上"的意义分化出来,产生了孳乳字"讽"。《广雅·释诂》:"讽,谏也。"《后汉书·李云传》:"礼有五谏,讽为上。"注:"讽谏者,知患祸之萌而讽告也。"可见《后汉书》"讽谏"义已习用作"讽"。但《汉书》"讽谏"义仍用"风",凡几十见,并多处注"读为讽"。朱骏声认为"反以借字为正字,失之矣。"其实,这不过反映孳乳字与发源字在过渡阶段的通用现象,很难说孰正孰借。

"正"与"政"。《说文·二下·正部》:"正,是也,从止,一以止。"从字形看是"正直"、"方正"、"中正"的本字。引申为"教化"、"治理"(即"使民正")之义,孳乳出"政"字。"政"的词义本来包含在"正"中,所以,两字有相当一段时间通用。例如,《书·微子》"乱正四方",《史记》"正"作"政";

《左传·文公六年》"弃时政也",《昭公十五年》"以为大政",《汉书》"政"皆作"正"。《书经》《论语》《周礼》等文献中,二字互训的情况更为常见,都反映孳乳字与发源字的通用。

"時"与"蒔"、"塒"。"時"有定时与定点两义。分秧匀插即使秧苗定点,孳乳出"蒔"字。每晚鸡禽所归的定点叫"塒",也由"時"孳乳。但"蒔"与"塒"与"時"仍有通用的时期。《书·舜典》"播時百穀",《诗经·王风·君子于役》"鸡栖于時"……都应理解成"蒔"与"塒"未习用时仍用发源字的现象。

……

这种现象,一般认为是"通假字"中的"通用字"。因为孳乳字的意义是由发源字引申而分化出的,所以,它们之间意义有相关或包括的关系,从本质上说,是孳乳造字在过渡时期必然呈现的状况,不是文字的借用问题,必须与后面所谈的同音借用字分开。

(二)同音借用字

同音借用是用同音之字替代本字的现象,它是造成形义脱节的主要原因,也是把文字单纯看作声音符号的一种表现。大量的同音借用字,由于长期沿用,约定俗成,借用字已经通行而为用字者和阅读者共同承认,与字形相贴切的本字反而不再承担这个意义了。这种情况在《说文》中已有大量反映。例如:

"離"("鸝")。《说文·四上·隹部》:"離黄,仓庚也,鸣则蚕生。"从形体看,不可能产生"分离"的意义。《十三上·糸部》:"缡,以丝介履也。""分离"、"隔离"义由此引申,而"缡"废"离"行。

"毕"("敚")。《四下·華部》:"毕,田罔也。从華象毕形微也。或曰由声。"假借为"完毕"之"毕"字。后出"敚,尽也"(在《三下·支部》),"敚"作"完毕"字,形义切合,但"毕"通行而"敚"废用。

"油"("膘")。《说文·十一上·水部》:"油,水出武陵孱陵西,东南入江。"本义是水名,借用作"油脂"之"油"字。"油脂"之"油"本字应是"膘"。《说文·四下·肉部》:"膘,牛胁后髀前合革肉也……读若繇。""繇"与"由"通。"膘"与"腴"为同根词,"腴,腹下肥也"。都说明"膘"是"油脂"的"油"的本字。但"油"通行而"膘"不再直接用于此义。

"楚"("齭"、"黼"、"所")。《六上·林部》:"楚,丛木,一名荆也。"借用为"痛楚"、"激楚"、"衣冠楚楚"之"楚"字。而"痛楚"字于《说文》当作"齭"。《二下·齿部》:"齭,齿伤酢也,从齿所声,读若楚。"即"酸楚"、"痛楚"字。"激楚"按《说文》应作"欨所"。《八下·欠部》:"欨,所謌也。"此处应作"欨,欨所,謌也。""衣冠楚楚"依《说文》当作"黼"。《七下·黹部》:"黼,合五采鲜色。从黹盧声。《诗》曰:'衣裳黼黼。'"而"楚"行,"齭"、"黼"废用,"所"也不曾用于"欨所"。

"僚"("撩")。《八上·人部》:"僚,好貌。"借作"官僚"之"僚"字。"官僚"之"僚"本字当作"撩"。《十二上·手部》:"撩,理也。"即今之"料"。"官僚"即"管理"。但"僚"、

"料"行而"撩"不用作此。

"康"（"犺"、"畊"）。"康"即"穅"的重文。《七上·禾部》："穅，谷皮也。"或体作"康"。借作"康健"、"康庄"之"康"字。"康健"之"康"字应作"犺"（"犺，健犬也"），《广雅·释诂》："犺，健也。""康庄"之"康"字应作"畊"。《十三下·田部》："畊，境也。一曰陌也。赵魏谓陌为畊。"但"康"行而"犺"、"畊"废。

"容"（"颂"）。《七上·宀部》："容，盛也。"古文"容"从"公"作"公"。这是"容纳"的"容"。"容貌"、"容颜"的"容"应作"颂"。《九上·页部》："颂，貌也。"籀文作"额"。但"容纳"、"容貌"共用一字而"颂"作他用。

"委"（"䲷"）。《十二下·女部》："委，委随也。从女从禾。"徐铉说："委，曲也。取其禾谷垂穗委曲之貌，故从禾。""委弃"即是"唾弃"，"委"字应作"䲷"。《九下·丸部》："䲷，鸷鸟食已，吐其皮毛如丸。"皮毛为食罢吐弃之物，引申有"弃"义。但"䲷"废而用"委"字。

"斤"（"釿"）。《十四上·斤部》："斤，斫木也。"此是"斤斧"之"斤"。作量词的"斤"与"斤斤计较"的"斤"当作"釿"。《十四上·金部》："釿，剂断也。"但"釿"废而"斤"行。

"所"（"疋"）。《十四上·斤部》："所，伐木声也。"此是象声之词。"处所"的"所"应是"疋"。《二下·疋部》："疋，足也。上象腓肠，下从止。"引《管子·弟子职》"问疋何止"。"疋"是"足"，引申为"处所"义，正如"止"是"足"而派生"地址"的"址"一样。但文献"处所"字多作"所"，"所"的本义反而很少用了。

……

以上情况由于约定俗成,本字的意义完全转移到借用字身上,与借义重新结合的形自然无法与借字的本义相贴切,必须沿着声音线索找到本字,才能窥见形义结合的原始状态,从而对词义的发展有进一步的了解。同时,运用形义统一的原则,才能把一个字所承担的两个词分析开来。例如,同一个"所"字,承担着本义"伐木声",又承担着被"疋"借用而产生的"处所"义。将两个字形分析开,才能将"伐木声"和"处所"这两个不相干的意义离析开,从中看出两个词来。同样,"委曲"与"委弃","斤斧"与"斤斤计较","容纳"与"容貌"……都是同字异词,也都需要用"以形索义"的方法加以离析。

这种现象由于词义全然转移,本字不再通行,借用字反而通行,对阅读者说来,也便不再追究原来的形义关系,情况倒比较简单了。还有另一种同音借用字情况较为复杂,那就是本义并未彻底转移到借用字上,本字与借用字同时通行,都可承担同一意义。例如"伸"与"信"。"屈伸"、"伸展"的"伸"字常写作"信"。而"信"训"诚",与"伸"义毫不相干。但"信"仍主要承担它的本义,承担"伸"义是临时的。而本字"伸"又同时通行。这就出现了一种比较复杂的情况。对于"屈伸"、"伸展"义来说,可同时用"伸"、"信"两个字来承担,便出现了同词异字的情况;对于借用字"信"来说,可同时承担"诚"与"伸"两个意义(包括由此产生的引申义),便又出现了同字异词的情况。这种现象在今天的阅读中尤为重要。一般认为的"用字的假借",多指这种情况。对这种情况,用形义统一的原则判别本字和借用字又是必不可少的工作。文献中常见的"拒"与"距"(《墨子·公输》"子墨子九距之","距"是"拒"的借字),"悛"与"诠"(《左传·哀公三年》"外内以悛",注:"悛,次也。""悛"是"诠"的借用字)等均属此类。

为什么有的同音借用字通行而有的却不能通行呢?从语言统计观点看,主要是本字与借用字出现频率的差异决定的。本字是非常用字而借用字是常用字,往往本字废用而借用字通行;本字与借用字都是常用字或都是非常用字,往往本字与借用字同时通行;反之,借用字是非常用字而本字是常用字,则借用字只能偶或用之,很难长期存在。

从文字的角度来讲,往往把字书所收形义贴切之字目为"正字";但从训诂的角度,则无法否认通行的借用字所承担的词义。只不过为了探求本义,从而进一步研究词义的发展,才去追究形义统一的原始状态罢了。

文字形体不断增多与古今字形的差异

文字的演变是由两方面的动因决定的:一方面表现为自身形体在运用中的变化——不断有新的创造和取舍。另一方面,而且是主要方面,它要受语言的制约。语言中词语的增加和书面表达内容的逐渐复杂,要求文字在原有基础上分形日细,减少字与词的矛盾而使书面语记录口语的功能不断增强。但是,词语本身是随着社会的发展和人的认识发展无限增多的,而字形的发展却不可能无限。过多的字形为人类的天然智力所不容。因此,表意文字必须借助于声音来合并、节制。章太炎先生的《转注假借说》,辩证地解释了字形的增多和节制这种相辅相成的运动。章太炎先生说:"盖字者,孳乳而寖多。字之未造,语言先之矣。以文字代语言,各循其声。方语有殊,名义一也。其音或双声相转,叠韵相迤,则为更制一字,此所谓转注也。孳乳日繁,即又为之节制,故有意相引申、音相切合者,义虽少变,则不为更制一字,此所谓假借也。"①我们且不去讨论章氏的"转注"与"假借"是否符合许慎的原意,也不去讨论这样确定"转注"与"假借"的义界是否妥当,只就这一说法所阐明的表意文字发展的总规律来说,应认为是切合实际和符合辩证法的。

文字虽然在增多与节制互相制约的情况下发展,但在表意文字未能彻底改变为拼音文字时,字形的增多是绝对的,节制是相对的。汉代的《说文》所收字形加上重文才 10516 个,梁代的《玉篇》收字达 16917 个,清代的《康熙字典》收字增到 47035 个……从这里即可看出汉字增加的总趋势。

由此看来,《说文》所收的字形不但对后出的字形未能包括,便是对当时已产生和流行的字,也未能尽备。最有力的证明便是,《说文》的说解中,就有相当一批字是不见正篆与

① 见《国故论衡·转注假借说》。

重文的。这种情况便是完全拘守《说文》的学者也无法否认。前代的经学家和小学家常以《说文》为根据来"正字"。例如，唐代颜元孙《干禄字书》将文字分为"俗、通、正"三体，清代毕沅作《经典文字辨证》将字分作"正、省、通、别、俗"五例。近代学者黄季刚先生"依毕氏之言，更加研索，取证刘歆、许慎之言，得分古今为二类八目"。即：第一类，《说文》正字，又分"正、同、通、借"四目；第二类，《说文》后出字，又分"讹、变、后、别"四目。这种种说法，都以《说文》为正，以不见《说文》之字为"俗误"，自然包含着一定的偏见。但如果就各种字形与《说文》对比，通过它们与《说文》所收之字的关系来探索文献词义，这些分类尚属较为全面，有可参考的价值。

不过，从字与词的关系看，《说文》之外的字形与《说文》所收的字形比较，实际上只能有以下三种情况：

（一）字形本身的演变——新形反映旧词

《说文》中已有为这些词所造的字，只是未能通行，别体字反而通行。这些别体字《说文》未收作重文，或因古文经典未用，被认为是"俗字"，或因隶变后才出现，被古文家许慎所不取。但它实际上也是一种字形的重复，即异体字，并未反映词语的增加。例如：

"帆"，《说文》作"颿"。

"尖"，《说文》作"鑯"。

"村"，《说文》作"邨"。

"亮",《说文》作"倞"。

"剃",《说文》作"鬀"。

"针",《说文》作"鍼"。

"晴",《说文》作"姓"。

"瞬",《说文》作"瞚"。

"蹤",《说文》作"鞻"。

"酽",《说文》作"醶"。

……

对于这种字形,不论它出现得多晚,仍可以追溯到《说文》,找到与之相应的正篆,并且将它的形义关系考察清楚。

例如,《说文》没有"丢"字,但不等于说当时没有"丢"这个意义,没有与之相应的词。考之《说文》,"投"、"殳"都与"丢"同义声近。而《十下·夲部》:"螯,引击也。"读"张流切",音义与"丢"全同,可见"丢"这个词当时是用"螯"字记录的。又如,《说文》没有"噁"字,也不等于说当时没有"噁心"这个意义。《八下·欠部》:"歁,心有所恶若吐也。"正是"噁心"的"噁"字。又如,今天说有人讲话重复罗嗦叫"唠叨"。《说文·三上·言部》:"詷,往来言也。一曰小儿未能正言也。一曰祝也。""唠叨"源于"詷詷"。(古音"见"系、"帮"系、"端"系的塞音常与"来"纽相通。如"路"、"络"从"各"得声,"裸"从"果"得声,"变"从"䜌"得声,"稟"从"亩"得声,"祠"从"同"得声,"剅"从"豆"得声……知"詷詷"变"唠叨"有迹可寻。)再如,今天所说"滑溚溚","溚"声作"滑"

的词尾,即《说文·十一上·水部》"泰,滑也。从廾从水大声"的"泰"字。

尽管一部分后出之字甚至现代方言字可以由《说文》中找到来源,但由于词义本身也在发展,后出字所记录的词与《说文》中的字所记录的词不可能完全一样,许多是音义都有了变化,只不过究其根源,仍可见其内在的联系罢了。找到这种内在联系,对词的发展线索和字形演变的情况便可作深进一步的研究,对训诂学探求词义是十分必要的。

(二)根据新派生词所造的新孳乳字——新形反映旧词的发展

《说文》反映的是记录古文经典的文字。但是这些义字产生也有先后。《说文》所收之字既有发源字,也有孳乳字。《说文》之后,派生词仍不断产生,文字随之继续孳乳。《说文》之外的字形中,就有相当一部分是根据新的派生词而产生的新孳乳字。这些字虽脱离了《说文》的本字本义,但仍可通过《说文》找到它产生的源头。例如:

"件"。《说文》正篆及重文本无此字,只在"牛"字的说解中有之。《二上·牛部》:"牛,大牲也。牛,件也。件,事理也。象角头三封尾之形。"徐铉根据张次立之说在《八上·人部》的末尾增加了"件"字,说:"件,分也。从人从牛。牛大物,故可分。"段玉裁因为"件"字是徐铉增补的十九文之一,便将"牛"字的说解改为"事也。理也。象头角三封尾之形也"。其实段玉裁只知其一,不知其二。《说文》的说解中常有不见正篆和重文的后出字。"件"字正是"健"、"腱"后出的孳乳字。《八上·人部》:"健,伉也。""伉"训高举,牛的肩封坟起,为服轭负重之处,表现为用力之状。而用力之处多筋腱。《四下·筋部》:"笏,筋之本也。"重文正作"腱"。所以"健"与"腱"是同源字。"件"正是它们的孳乳字,所以字从牛。因筋腱有腠理,所以"件"训"理",有"条"的意思,后代通行作量词,"一件"就是"一条"。通过"健"与"腱",便可知道"件"的形义来源。

"绽"。北方话口语衣服的缝线开了叫"绽线",引申为花蕾初开叫"初绽"。《说文》没有"绽"字。但《十三上·系部》:"組,补缝也。"《八上·衣部》:"袒,衣缝解也。"缝线裂开叫"袒",裂处缝合叫"組",反义词同源。正如"裂缝"与"缝合"同字。很明显,"绽"就是"袒"因音变而更换声旁造的后出字。或以为是"組"的新孳乳字。

"描"。《说文》无"描"字。《八下·皃部》:"皃,颂仪也。"重文作"䫉"或"貌"。"描"字正是"皃"引申为动词后的新孳乳字。杜甫诗中"曾皃先帝照夜白"、"画工如山皃不同"、"皃得山僧及童子"……其中的"皃"都等于后来的"描",即可证此。

"浑"。当"完整"、"完全"讲,音 hún,为借用字(《说文·十一上·水部》"浑,混流声",无"完整"义)。"浑身"即是"全身"。陕西方言"整裆裤"叫"浑裆裤"。或分为双音缀连绵词,字写作"囫囵"。《说文》没有"囫囵"二字。但《六上·

木部》:"梡,梡木薪也。"音"胡本切"。"楎,梡木未析也。"音"胡昆切"。"浑"正是"楎"、"梡"的新派生词,字以"浑"代,而"囦囶"则是因派生词而产生的孳乳字。

……

这类字虽不见于《说文》,但可通过《说文》溯源,并因此而将今义与古义联系起来认识。

(三)根据新的音义结合体所造的新字——新形反映新词

字的增多主要动因是由于词的增多,而有些新词则由于新事物或新思想的产生而采用新音与新义结合而成。由此产生的新字,在《说文》中不一定找到字源。如,《说文》没有"鳃"字,说明当时生物学还没研究鱼腮并为之命名。《说文》没有"孀"字,说明当时还没有为死去丈夫的妇人专门命名为"孀妇",经典或称"寡",不是专名。"嫠"字则是《说文》新附字。《说文》没有"泵"字,那是因为当时根本没有这种机器。……总之,想把每种方言中的每个词每个字都从《说文》中找到根据是不可能的。不论是索求形义贴切的"正字",或是探求反映本义的发源字,都需持之有据,不可牵强附会。

用发展的观点看待文字,既要看到字与词的继承性,又不能排除新词、新字因音与义偶然结合而产生的可能性。这样才能正确参照《说文》,从文献用字的实际出发,运用"以形索义"的训诂方法来探求词义。

"以形索义"训诂方法的提要

前面说过,"以形索义"的训诂方法必须在本字、本义、笔意这三个条件具备的情况下才能使用。而古代文献中直接具备这三个条件的情况又是较少的。因为,文字的发展恰好向与这三个条件相反的方向前进:词义不断通过它的基本运动形式引申而发生着变化,引申是多向的,又是多层的。引申的层次越多,引申义与本义的距离越远,与原始形体的联系也越模胡。造字与用字的表音趋向越来越突出,同音借用使本字不通行的情况日益增多。加之文字隶变、楷化再加上后来的简化,已经完全成为一种符号,笔势占了绝对优势,而笔意早已不复多见。这就使"以形索义"的障碍越来越多,训诂家在运用这个方法时,必须克服这些障碍,将不适应的条件转化为适应的条件,而不能简单从事。

而且,在运用"以形索义"的方法时,又必须依据《说文》。因为《说文》用形义统一的原则,系统地反映了当时文字的整体,形、音、义的说解来源于古代文献,能够实事求是地为我们提供直接的根据或有用的线索。甲骨、金文虽早于《说文》,但较为零散,缺乏大批有影响的文献语言作根据。以后的字书虽然较之《说文》收字更全,但综合各代之字,于历史的探求又嫌杂乱。所以,《颜氏家训》说:"大抵服其为书(按:指《说文》)隐括有条例,剖析穷根源,郑玄注书,往往引以为证;若不信其说,则冥冥不知一点一画有何意焉。"这个说法实非复古保守,而是比较客观。离开《说文》,不但无法直接推求上古文献的词义,就是前代训诂大师的注释,也很难理解贯通。尽管如此,《说文》的局限性也是明显存在的。由于当时所见材料的限制和许慎语言文字观的某些缺欠,加之他所从的古文师说未能兼收并包,所以,《说文》所收之字和其中少部分形、音、义的解释,就难免有失误和遗漏之处。这种情况当前已发现不少。许慎泥于阴阳五行之说牵强解释形义的地方,就是明显的例子。就材料的全面来说例如:以《说文》的重文与《玉篇》比较,《说文》的同部重文而《玉篇》异部的,共三百三十一字;《说文》的重文,《玉篇》分为两字不作重文的,共五十一字;《说文》的重文,《玉篇》不收的,共一百一十六字;《说文》未收之重文,《玉篇》新出的,更不计其数。这自然相当一部分是反映了文字的发展,但也同时可以看出,《玉篇》时期比《说文》掌握的资料也更多了,准确性也相对大了一些。后来发现的更早期文字甲骨、钟鼎,既有相当一部分进一步证实了《说文》的正确,也有一小部分足以说明《说文》的纰缪。因此,前代训诂学者泥于《说文》之形而说义必会有不少错误。

由于以上原因,在运用"以形索义"方法时,必须进行以下几方面的工作：

（一）匡谬：参照前代的甲骨、金文，同代的训诂专书（如《尔雅》《方言》《释名》），后代的字书、韵书（如《玉篇》《广韵》），将《说文》关于字形说解的谬误之处改正，求得原始笔意的真相。

（二）离析：将同源通用字和同音借用字按其与意义贴切的字形离析开来。

（三）归纳：将异体字（包括同时的和后出的）、广义分形字的不同字形加以归纳综合，以便从多方面了解形义的发展。

（四）追溯：遵循词义发展的线索，由孳乳字追溯至发源字，由引申义追溯至本义，才可用字形证明字义的存在和发展状况。

（五）核证：探求字义不能只凭字形附会，必须核证文献语言，做扎扎实实的调查研究工作，才能使形义的统一关系反映无误。

只有通过这些工作，在运用"以形索义"的方法时，才能不犯"望形生训"的错误。因此，"以形索义"的训诂方法运用时必须和"因声求义"与"比较互证"这两种方法结合起来，一方面因声而归形、析形，再以形而索义；另一方面贯穿系联意义的引申线索，溯其本义，再以形而证义。这样便可使词义的探求更为准确了。

"因声求义"论

"因声求义"是一项重要的训诂方法

以研究古代文献词义为中心内容的传统训诂学,从来就是把文字作为索求语义的桥梁的。因为在口语消逝之后,唯有文字打破了时间和空间的限制,起到了"前人所以垂后,后人所以识古"①的作用,保留了古代的语言,从而也传播了古代的文化。

汉字虽然很早就有了表音的趋势,但始终未能发展为拼音文字,一直停留在表意文字的状态。因此,字形与语义之间的联系是直接的、密切的。字形往往反映出它所记录的词的本义。本义又为词义的进一步引申提供了依据和方向。"以形索义"的方法就是由汉字的这一特点决定的。以后,训诂学家在实践的过程中发现,在表意文字里,字形本应是索求语义的重要依据,但是将形与义的联系绝对化以后,字形却反而成了一种障碍,象是重重迷雾,将一

———————
① 见许慎《说文解字叙》。

些语义现象笼罩得模糊不清了。这是因为，汉字是汉语的书写符号，它的音与义是来自汉语的，而它的形则是人为加给语言的一种标志，因此，音与义的发展变化主要是受语言发展规律的制约，而汉字字形的变化，却既受语言的影响，又有不受语言制约的自身发展规律。比如，汉字进一步符号化，使大量的笔意变成笔势；又比如，汉字在造形与应用时逐渐增长了表音趋向，使大量的意义脱离了本字；还比如，在文字未经政治力量达到全然规范的时期，往往因时、因地产生殊异，同词异字与同字异词的现象屡见不鲜……由此，便产生了字与词的差异、形与义的脱节，造字初期所显现的单纯而统一的形义关系日益变得复杂，甚至遭到破坏。因此，不加分析，不从实质上来统一这些矛盾，只是简单地、绝对地运用"以形索义"的方法，就会发生训诂上的一个最忌讳的毛病，叫作望形生训。

望形生训即指随意地用书写的字形来解释形义已然脱节了的字义，从而歪曲文献的原意。宋代是训诂创新时期，宋人往往能突破前人的传统之说而阐发新义。但是，宋人又常脱离训诂的法则，违反词义的社会约定性来释词，望形生训之说很不少。例如，《楚辞·涉江》："乘舲船余上沅兮，齐吴榜以击汰。"朱熹《楚辞集注》说："吴，谓吴国。榜，櫂也。盖效吴人所为之櫂，如云'越舲'、'蜀艇'也。"宋人张载曾有"吴榜越船不能无水而浮"之说，即朱熹所本。其实张、朱以吴为国名，正是"望形生训"。首先，

"榜"训"櫂"不妥。唐代李舟《切韵》"榜"读"北孟切",训"进船也"。可见"榜"是进船的动作,是动词。而"櫂"是"船桨"(见《说文》木部新附字,训"所以进船也"),是进船的工具,是名词。"榜"与"櫂"词性不同,以"吴人所为之櫂"解释"吴榜"显然是不通的。实际上,"吴"是"枑"之声借。《说文·六上·木部》:"枑,两刃臿也。从木。丫,象形。宋魏曰枑也。"重文作"釪",从于。其实应是于声。《方言》:"宋魏之间谓之铧。""枑"即"铧"。唐代玄应《一切经音义》又说:"枑,古文奇字作鏵。"宋代陈彭年《广韵》"鏵"、"铧"、"釪"、"劃"同音,均读"户花切"(今音 huá)。四字古音同在"匣"纽,"模"韵。"鏵"、"铧"、"釪"、"枑"四字是异体字,训"两刃臿"者,"臿"字又作"插"。《战国策·齐策》"立则杖插"。又作"锸",《新序·刺奢篇》:"魏王将起中天台,许绾自负樔锸入。""樔"、"锸"都是铲土的工具。《尔雅·释器》"斛谓之魋"下郭璞注:"皆古锹锸字。"郭璞《方言注》又说:"枭字亦作鍪。"所以,"鏵"本是两刃的锹锸,原为犁地的工具。古代犁地的工具,也用来劃船。犁地是破土而进,劃船是破浪而前,其用虽殊,而取义则同。那么,称犁地的工具叫"鏵",因而称进船的工具也叫"鏵",又引申称进船的动作也叫"鏵"("劃"即"鏵"的后出俗字)。由此得证《楚辞》"齐吴榜以击汰"的"吴"就是"鏵",也就是"枑",即划船的工具,相当于今天的船桨。"吴榜"就是"以桨进船"(从语法说,"吴(鏵)"是名词,作动词"榜"的状语,表示工具)。可见拘于"吴"

的字形而贸然生训，义未能尽通。通过声音，由"吴"找到本字"鋘"、"铧"、"釪"、"杀"，才达到形义统一，避免了望形生训的毛病。

望形生训之风，今天仍未能免。例如"所"字，《说文》训"伐木声也"，从斤户声。《左传》中常有用于誓词之处。如"所不与舅氏同心者……"、"予所否者……"等等。有人根据《说文》的字形"𫐐"和金文的字形"𫐐"，认为它象用斤锛斫门之状，并以为誓词所用的"所"，是斩物而盟之义，由斫木之形引申为"伐木声也"。这也是一个比较典型的望形生训的例子。其实，誓词用的"所"是个虚词，即今天的"倘"，也就是假设之词。"倘"字又写作"党"、"當"、"尚"。如《墨子·兼爱》："當使若二士者言行之合，犹合符节也，无言而不行也。""當"即是"倘"。先秦文献训"党"为"所"的很多。《公羊传·文公十三年》："往党卫侯，会公于沓，至得与晋侯盟，反党郑伯，会公于斐，故善之也。"何休注："党，所也。所犹是齐人语也。"《左传·哀公五年》："莱人歌之曰：景公死乎不与埋，三军之事乎不与谋。师乎师乎，何党之乎？"杜预注："党，所也。"孔颖达进一步解释这条杜注说："《周礼》五百家为党，言其共居一所，故以党为名，是党为所也。"《释名·释州国》："上党。党，所也。在山上其所最高，故曰上党也。"……"党"训"所"是声训。"所"，古韵在"模"部；"党"，古韵在"唐"部，正是对转之音。古代虚字是重音而不重形的，"所"在誓词中即是"党"，后作"倘"，正合音理。以为它是斩物而盟，则拘于字形，于文献语义不合。

正因为如此,从汉代起,文字学家和注释家就关心到声音这个重要因素。《说文解字》中保留了大量的语音材料;《释名》《方言》等书大量运用声训;注疏中以音别义的条例随处可见。但是,很长一段时期内,音与义究竟发生什么样的关系,在理论上并没有得到系统的论述,直到清代,"因声求义"作为训诂的一个重要方法,才臻于系统化、理论化。乾嘉学者认为"义以音生,字从音造。"(阮元《揅经室集》)"故训声音,相为表里。"(戴震《六书音韵表序》)王念孙强调"训诂之旨,本于声音。故有声同字异,声近义同。虽或类聚群分,实亦同条共贯。譬如振裘必提其领,举网必絜其纲。"(《广雅疏证序》)所以,他著《广雅疏证》的方法是"就古音以求古义,引申触类,不限形体。"晚近章太炎先生也说:"大治小学者,在于比次声音,推迹故训,以得语言之本。"(《国故论衡·小学略说》)并进一步以"音义相雠,谓之变易;义自音衍,谓之孳乳"为条例,著《文始》一书,运用声音通转的规律来归纳同源字,是对"因声求义"方法更为系统的应用。总之,清代以来,声音问题在训诂中受到了极大的重视。"因声求义"比之"以形索义",成为应用更广的一种方法。正如黄季刚先生所说:"小学徒识字形,不足以究语言文字之根本。"(《音韵略说》)他还说:"文字之训诂,必以声音为之纲领",而"完全之训诂,必义与声皆相应。"(《训诂学讲词》)这些都反映了训诂学家对声音问题的竭力强调,说明"因声求义"方法的重要性。

音与义的关系和"因声求义"的作用

前代训诂学者如此强调声音在训诂中的作用,首先是根据一个重要的事实,那就是他们发现,如果把汉代以前的注释分成义训和声训两种,声训的比例相当可观。仅以《说文》来说,黄季刚先生作了一个统计,他说:"《说文》列字九千,以声训者十居七八而义训不过二三。"这样大量的声训,其中虽有义训中训释字与被训释字的偶然音同,但绝大部分确实反映了音与义的密切关系。

音与义为什么比形与义的关系更为密切呢? 这个道理,前代训诂学家早就作了十分清楚的阐述。举黄季刚先生的论述为例。季刚先生说:"三者(按:指形、音、义)之中,又以声为最先,义次之,形为最后。凡声之起,非以表情感,即以写物音,由是而义傅焉。声义具而造形以表之,然后文字萌生。昔结绳之世,无字而有声与义;书契之兴,依声义而构字形。如日、月之字未造时,已有日、月之语。更分析之,声则日、月,义表实、阙;至造字时,乃特制日、月二文以当之。"(《声韵略说》)这就是说,义与音分别是语言的内容与形式,它们在社会约定俗成的基础上结合起来后,便要产生共同的或相应的运动,这就是"相为表里"。而字形仅仅是记录这个音义结合体的符号。对语言来说,字形是外在的东西,它只是书写符号的形式而不是语言本身的形式。而且它又是语言产生和发展到一定阶段才产生的。所以,语义的发展变化从本质上是依托于声音而不依托于字形的。文字与语言既然有着既统一又矛盾的关系，那么，形与音、义也必然存在着统一和矛盾这两个方面。因此，离开了声音这个因素，是不可能通过形、音、义的统一来正确解释古代语言的。

音与义在语言的词里究竟发生什么样的关系呢？从语言的实际来考察，可以发现两种情况：

一种情况，在语言发生的起点，音与义的联系完全是偶然的。《荀子·正名篇》所说的"名无固宜，约之以命。约定俗成谓之宜，异于约者谓之不宜"的理论，准确地反映了音义联系的社会约定性。正因为如此，同一个声音可以表达多种完全无关的意义，语言中因此产生大量的异义同音词；而相同或相近的意义又完全可以用不同的声音来表达，语言中因此又产生大量的异音同义词。这都说明音义联系的偶然性。

另一种情况，随着社会的发展和人类认识的发展，词汇要不断丰富，在原有语词的基础上要产生新词。新词产生的一条重要的途径，就是在旧词引申到距离本义较远之后，在一定条件下脱离原词而独立。有的音虽无变，已成他词，也有的音有稍变，更为异语。这就是语词的分化，也就是派生词。同一语根的派生词——即同根词——往往音相近，义相通。在同一词族中，派生词的音和义是从其语根的早已经约定俗成而结合在一起的音和义发展而来的，因此带有了历史的可以追索的必然性。这就是所谓的"音近义通"现象。"音近义通"现象是以同根词为前提的。离开这个前提，把这种现象的范围任意扩大，以至把一切语词的音义都看成是有机的联系,那就必然否定了语言的社会约定性,变成谬误。刘熙的《释名》正是在这一点上走入了歧途,作出了许多缺乏根据的声训。

音义关系的两种情况,在文字上有着相应的反映:

同根词不但音同或音近,彼此还意义密切相关。反映在文字上,同根词虽同出一源,却因为新词的派生往往需要与旧词分割清楚,所以需另造新字。比如"兀"与"元",在字形上本来是一字的异体。"兀"从"一","元"从"二","一"与"二"常常是同一标志。如《说文·二下》"亟"或作"𠄟",甲骨文"𠑹"或作"天",钟鼎文"米"或作"羊"。这些字中的"一"和"二"都是同一符号,可证"兀"与"元"同。从声音上看,《说文·八上·儿部》:"兀读若夐。""夐"字古入"寒"韵。《韩诗》"于嗟夐兮"(《毛诗》"夐"作"洵"),《释文》引《韩诗传》"夐,远也"。所以,《说文》的"读若"说明"夐"即"兀"之声借。而"元"本是在"寒"韵,所以"元"与"兀"二字古同音。《说文》说"高而上平"叫兀。古代文献中"元"训"首",《左传·僖公三十三年》:"狄人归其元。"杜预注:"元,首也。"《仪礼》有"元服",元服指冠与紒,是人体的最高处。引申为高而上平之地,分化出"高原"、"平原"的"原"字,亦即《说文·二下·辵部》的"邍(yuán)"字。《周礼·大司徒》也作"邍",训"高平之野"。又引申为水之发端地,分化出"水源"、"源流"的"源"字。小水涌出处叫"泉",泉也是水源。"原(邍)"、"源"、"泉"与"兀"、"元"分形,标明它们已独立成为新词,但它们与"兀"、"元"的音义关系仍可索寻。又如

"福祸"的"福"、"厚富"的"富",与"充備"的"備",语出同源,意义相关而分作数形。解冻之"冶",销金之"铄",与煎米鬻成的"饴"三字音义相关而标志三事。其他如"屏"与"藩"、"並"与"比"、"弱"与"柔"、"雁"与"鹅"、"象"与"豫"、"墙"与"序"……语皆同根而字概分形。这就是因词的分化而产生的同源字,它反映了同根词。这种现象前代训诂学家已有所认识。段玉裁在《说文解字注·十四上·金部》"鏓"下说:"囱者多孔,蔥者空中,聰者耳顺,义皆相类,凡字之义必得诸字之声者如此。"这就是因同根词而造的同源字。章太炎先生在《文始叙例》里所谓的"义自音衍"的孳乳,也是反映字的同源现象,而《文始》正是对同源字进行全面系统的系联和整理之作。

同音词与同根词正好相反,声音虽同而意义完全无关。反映在文字上,由于汉字的表音趋势,同音字常常互相借用。这种情况一般称作假借。传统所说的假借字就其产生的情况来说,可以分作两种,也就是段玉裁所说的"一本有其字之假借,一本无其字之假借也"。但是,这两种假借在本质上有所不同。下面就这两种情况分析之:

(一)本有其字的假借

意义毫不相干的同音词,已分别因其义而造字,成为两个同音字。但是,由于汉字的表音趋向,二字在使用时可以互相替代。以"新"、"舊"二字为例。"新"从"斤",本指析柴。"新鲜"之"新"字应作"汛"。《说文·十一上·水部》:

"汛，灑也。"汛灑指用水洗洁，《礼记·大学》引汤之盘铭曰："苟日新，日日新，又日新。"正用"新"为汛洗，汛洗无垢是新鲜之义。"舊"从"隹"，本是鸟名。"陈舊"之"舊"字应作"肍"。《说文·四下·肉部》："肍，孰肉酱也。从肉九声，读若舊。"酱训醢，酱醢必经久而成。引申有"陈舊"之义，故"胥"为乾肉，"脩"为肉脯，皆引申为长久义。《说文》的"读若"表明"肍"字曾借用"舊"。王引之《经义述闻》中"经文假借"一项所举的借"光"为"广"、借"蠱"为"故"、借"财"为"载"、借"犹"为"由"、借"指"为"底"、借"鹽"为"苦"……都是本有其字的假借。为区别起见，这种假借我们称"借用"①。

（二）本无其字的假借

这种情况是指词义已经发展变化，离本义较远了，理应分化出新词，但却不因此而另造新字，仍在原字上赋予新义。这就使得同一字形记录两个理应分化的词。比如"物"（正作"勿"）字，本为州里所建之旗。古代以旗帜为标志，"物"是用颜色作标志。所以《左传·桓公二年》说："五色比象，昭其物也。"于是"物"引申训颜色。《周礼·犬人》"用牷物"，郑众注："物，色也。"《春官·鸡人》"辨其物"，郑玄注："物，谓毛色也。"《诗经·小雅·六月》"比物四骊"，《毛传》："物，毛物也。"《小雅·无羊》"三十维物"，《毛传》："异毛色者三十

---

① 详说见《〈说文解字〉与"以形索义"的训诂方法》一节中"同音借用字"一项。

也。"都说明"物"又训"色","万物"就是"诸色"。汉以后，"物色"连文成词。色泽不同，就可供选择，所以"物"又有"选择"义。《左传·成公二年》"物土之宜而布其利"，"物"就是"选择"。作为旗帜的"物"与作为"选择"的"物"，意义相距已经很远，但仍不另造字。

还有一种情况，就是开始时虽以一字承担两个或更多的意义，但后来又以异体字分化或重造后出字，分为两形。如"西"本是"棲息"的"棲"字，后又作"东西"的"西"字，"西"与"棲"本是重文，后来各承担一义，由异体字变为同源字了。

训诂学家认为这都是"本无其字，依声托事"的假借。这种"假借"，其实与第一种情况不同，因为它并非反映同音词问题，而实质上是反映同根词问题。但是因为词义距离很远，相关的情况有的已难考察，所以，有时与本有其字的假借很难划清界限，从严格的科学含义来说，不论是一直共用同形或后来有所分化，只要能考察出意义之间的联系，都不应认为是同音借用，只能认为是同源通用。只有本义与借义之间确实找不到联系，如"油"借作"油脂"字（"油"字本义是水名），"毕"借作"完毕"字（"毕"字本义是田网）等，才按同音字处理。

通过以上分析可以看出，同源字反映的是同根词，它们是在同一引申系列中的，但是往往因为分形而切断了引申义之间的联系；同音字则反映的是词与词之间声音的偶合，但却由于互相借用而共形，使两种完全无关的意义发生混淆。因此，在利用文字材料研究词义时，我们需要把分形的同根词贯通起来,寻求词义由引申而至分化的线索;同时又需要把共形的同音词分离开来,拨开字形造成的迷雾,排除不相干的意义相互干扰。两件事都需从语音的分析入手,这就是"因声求义"方法的两大作用。

"因声求义"的特殊作用——探求名物的来源

传统训诂学一向很重视名物的问题。所谓名物,早期的狭义说法一般是指草木鸟兽虫鱼等自然界的生物的名称。它不但是语言学的问题,而且是生物学的问题。《毛诗》被称作"多识草木鸟兽虫鱼之名"的教科书。晋代陆玑作《毛诗草木鸟兽虫鱼疏》,专门研究这方面的问题。《尔雅》最难读的是《释草》以下七篇,也是讲名物的。

从词义学的观点来看,名物讲的是一些专名的词义。这种专名的特殊性在于,它所指的对象范围比较特定(就概念来说,就是外延很小),而特征比较具体(就概念来说,就是内涵较大)。《荀子·正名篇》说:"有时而欲遍举之,故谓之鸟兽;鸟兽也者,大别名也,推而别之,别则有别,至于无别然后止。"[①]这段话就是对名物问题最好的说明。从这个意义上说,车马、宫室、衣服、星宿、郡国、山川以及人的命名也是一

---

① 这段话的意思是说,对物名有时需个别举出,就是别名。鸟和兽是大别名,鸟、兽之中还可以分出小类,互相区别,如兽中有虎、豹、熊、鹿……,虎已是小别名,又可分成各种虎,都有专名,一直分到不能再分为止。

种别名,也应属名物之列。

名物不仅就词义的专和别来说,有它的特殊性,另一方面,它又相当于后来的专门术语。古代在没有成熟的生物学、天文学、地理学、民俗学、建筑学……之前,便已有了与这些科学有关的事物,而在"雅言"(即普通标准语)中为这些事物所定的名称,实际上便成为一种固定的科学术语。因此,它具有后来的科学术语所具备的一些特点。比如,它往往来自一般生活用语,却又具有自己特殊的形式(音变或造出特殊的字)。又比如,它有单义性的趋向,也就是《荀子》所说的"使异实者莫不异名也,不可乱也"①。正因为如此,名物问题也就与古代天文、地理、民俗、建筑、生物等科学的专门知识相联系。一切科学与文化都包含在语言之中,因此,早期的训诂学就其涉及的内容来说,确实是包罗万象的。

名物既然是一种相当于术语的专名,就应当有命名的由来。因为,一切术语,都是根据人类对这种事物的观察认识,借助于已有的全民语言的生活用语而发展出来的。但是,由于对象本身的发展与进化,也由于语言形式和文字形式的变化,名物对于人来说,逐渐只成为一种语音和字形的标志,相当于一种符号,命名的来源不大为人所知了。越是专名,越

---

① 见《荀子·正名篇》:"故使异实者莫不异名也,不可乱也,犹使异实(按:当为"同实")者莫不同名也。"意思是说,在给物命名的时候,一方面有区别,一方面有概括。区别就是要使实际上不是一种东西的分别命名,以免混淆;概括就是要使实际上是同类的东西又有共名,以便归纳。术语趋向单一性,就是最高的区别,防止与其他东西混淆,保证专门化。

难考察。所以,在名物问题上就出现了两种不同的观点:

有些训诂学家认为名物皆有来源。刘歆与扬雄的《论〈方言〉书》中,认为一切命名应当皆有证验,"非徒无主而生是也"①。近代贯彻这种主张比较彻底的有王国维和黄季刚先生。王国维说:"凡雅俗古今之名,同类之异名与夫异类之同名,其音与义恒相关;同类之异名,其关系尤显于奇名。如《释虫》:'食苗心螟,食根蟊。'《释鸟》:'鸟鼠同穴,其鸟为鵌,其鼠为鼵。'螟与蟊,鵌与鼵,皆一声之转。此不独生物之名然也。盖其流期于有别而其源不妨相通,为文字变化之通例矣。异类之同名,其关系尤显于偶名。如《释草》'果蓏之实栝楼',《释虫》'果蓏、蒲盧',案果蓏者,圆而下垂之意,即《易·杂卦传》之'果蓏',凡在树之果与在地之蓏,其实无不圆而垂者;故物之圆而下垂者,皆以'果蓏'名之。栝楼亦果蓏之转语,其余如草有莪萝,虫有蛾蠪;草有茏天蕦,鸟有鹝天鷋;草有莜莖蓘,木有味莖著;草有萿麋舌,鸟有鸧麋鸹;木有密肌继英,鸟有密肌系英:今虽不能言其同名之故,要其相关自必有说。虽其流期于相别,而其源不妨相同。古人正名百物之意,于此亦略可睹矣。"(《观堂集林·〈尔雅〉草木虫鱼鸟兽名释例下》)黄季刚说:"《尔雅》名物,仍当贯以声音,求其条例。如《说文》蘡薁、葰蜃,《礼》注鞞琫、弁鼙。蒮为箬帚,制以黍穰,则书为㹟。蒲为水草,移状禽口,则变为凫。

---

① 刘歆与扬雄的《论〈方言〉书》中说:"及诸经氏之属,皆无证验,博士至以穷世之博学者。偶有所见,非徒无主而生是也。"

至于状所异同，名言迁贸，沈思冥索，魕理秩然，亦钻研故言之乐事也。"（《训诂学讲词》）这些训诂学家认为名物的来源从理论上是完全可以推寻的，有些暂时推寻不出的，只能叫作"绝缘无佐证"，找不出来不等于不能找。而另一些训诂学家则偏重于从名物的标志作用来看问题，或以为名物并非皆有来源。朱骏声在《说文通训定声》的"凡例"中说："凡山水国邑及姓氏之类，皆托其字为表识，无关本谊，故注亦不详。"在这部书的正文里，他在"假借"（按：指意义无关的同音借用字）一栏里专门辟出了"托名标识字"一项，把他所说的"山水国邑及姓氏之类"的专名列入此项。这就说明，他认为物之专名仅有标识作用，起码是山水国邑姓氏之类是没有什么本谊与来源的。

这两种主张，究竟哪一种比较接近事实呢？所谓"托名标识"，从词的社会约定性来说，是有一定道理的。有些山水国邑及姓氏，往往是当时当地人所定，定时虽有来源，但开始只包含少数人或小范围内人的一种意图，待到它为整个社会所接受，这种来源便毫无意义了，仅仅剩下一种标识作用。既然这些名称所指的对象如此确定，达到了"至于无别然后止"的地步，使用它的人便无需再去追究那些少数人或小范围内人们的意图了。尤其在长期的流传中，言迁字变，更加失去本谊，就记录的文字说来，认为是"托名标识"，也可以说得过去。但是，从研究词义的角度，提到理论高度来说，这种说法就不够彻底了。首先，名物是有来源的，在给一个专名定名时，完全没有根据、没有意图几乎是不可能的。虽然定名有偶然性,名与实绝非必然的切合,但人们为一物定名时,一定与对这一事物的观察、认识有联系,因而在不同程度上有源可寻。其次,探寻名物的来源,往往与希望了解古人对一些事物的认识,从而进一步研究古人的科学与思想分不开。同时,也可通过名物的推源进一步研究词义发展的规律,并非仅仅游戏式地去猜测命名的意图。所以,以"托名标识"来阻绝了名物探源的通路,在词义学上是不彻底的,甚至有害的。相对说来,"绝缘无佐证"的说法就更科学一些。

不过,在事实上,名物的来源"绝缘无佐证"的绝非少量,训诂学家继承汉学的"实事求是"作风,在这一问题上比较慎重。例如,章太炎先生的《文始》是专系同源的,其中也有一些地方讲到名物。但他在《文始·略例》中仍说:"《尔雅·释草》以下六篇,名义不能备说,都邑山水复难理其本原,故孳乳之文数者多阙。"这种态度虽有知难而退之嫌,但却可避免主观臆断之弊,也不失为一种正确的态度。

从上面所引的王说和黄说看,推求名物来源的方法可以归纳为三点:

(一)名物的来源要从它的形状、用途、生活和繁殖特点等方面去推寻;

(二)专名的由来往往与非术语的一般词语有关;

(三)声音是探求名物来源的重要线索。所谓"贯以声音,求其条例",即是此意。

在这三点中,第三点,也就是运用"因声求义"的方法,又是一个最根本的途径。

下面举几例说明：

"璊"、"䟆"与"虋"。《说文·一上·王部》："璊,玉经色也,从玉㒼声。禾之赤苗谓之虋,言璊玉色如之。"《八上·毛部》："䟆,以毳为繝,色如虋,故谓之䟆,虋,禾之赤苗也。"而《一下·艸部》："虋,赤苗嘉穀也。"——可见玉中之璊,繝中之䟆,草中之虋,因其颜色相同而名同一源,声皆相同。

"螟"。《尔雅·释虫》："食苗心螟。"《春秋·隐公五年》"螟",孔颖达《正义》引《周礼·舍人》说："食苗心者名螟,言冥冥然难知也。"李巡也说："食禾心为螟,言其奸冥冥难知也。"冥当幽暗讲,幽暗则难明,螟是一种小青虫,长仅半寸,与禾同色,藏在苗心中,很难找到。所以,"螟"由"冥"的幽暗难明之义而得名,字也由"冥"得声。

"蝮蜪"、"復育"（"蝮蜪"）、"復陶"。《说文·十三上·虫部》："蝝,復陶也。刘歆说蝝蚍蜉子。董仲舒说蝗子也。"《尔雅·释虫》也说："蝝,蝮蜪。"郭注："蝗子未有翅者。"《论衡·论死篇》说："蝉之未蜕也,为復育。"《广雅》作"蝮蜪"。"育"与"陶"古同音。"蝮蜪"就是"蝮蜪",也就是"复陶"。为什么蝗子和蝉之未蜕都叫"復陶"呢？历来讲名物的人都没有说清楚。黄季刚先生在《尔雅音训》①里指出:《左传·襄公三十年》："使为君復陶。"注："復陶,主衣服之官。"《昭公十二年》"秦復陶",唐代陆德明《经典释文》:"復陶,雨衣

---

① 《尔雅音训》,黄季刚先生读《尔雅》时的批注,武汉大学黄焯教授摘取其中讲解音训的一部分整理成此书。

也。"衣服叫"復陶",因而主衣之官也叫"復陶",和虫之"蝮蜪"、"蝮蜦"名异而取义相同。"復"与"覆"同音,"育"和"胄"同音,"復陶"就是被覆甲胄衣帱之义。蝗子和蝉之未蜕者外边都长着一层硬壳,如人之被覆衣胄,所以以"蝮蜪"、"蝮蜦"命名。

"觳"与"豰"。《尔雅·释虫》:"豰,天蝼。"郭注:"蝼蛄也。"黄季刚先生解释这种虫名的来源说:"《本草》作'蝼蛄',陶注:'蝼蛄一名豰。自腰以前甚涩,自腰以后甚利。'按此与豰腰上下异色同,故同从壳声。凡同声者其义类形色往往相同。"这个解释极确。《说文·十上·犬部》:"豰,犬属。腰以上黄,腰以下黑。食母猴。读若構。""豰"的特点是腰上下异色,与"豰"的得名同义。"读若構",说明声音与"冓"同。从"冓"之字"媾"、"構"、"遘"等都有相交相合的意思。腰上下异色或上涩下利,如同前后两截相合,所以音同"冓"。

"猰貐"、"委虒"。《说文·九下·豸部》:"貐,猰貐。似貙,虎爪,食人,迅走。""貙",又名"貙豻"。《汉书·司马相如传》"蟃蜒"、"貙豻"。《尔雅·释兽》"貙似貍",郭璞注:"今貙虎也。大如狗,文如貍。"又说:"今山民呼貙虎之大者为貙豻。""猰貐"似貙豻,也是虎属。它的特点是行走快。所以说"迅走"。《说文·二上·走部》:"趌,超特也。""超特"与"迅走"义通。"猰"与"趌"同源。"猰貐"是因走得快而得名。"猰貐"声变为"委虒"。"猰"与"委"之韵"歌"、"曷"对转。这种动物也是虎属,《广韵》说它能行水中。"委虒"之浮游于水也很迅速,所以与"猰貐"同因"迅走"而得名。与两兽同义而名的又有"委输"。《汉书·食货志》:"武帝置平准都,受天下委输。"《汉书·王尊传》:"护送军粮委输而羌人反,绝转道。"颜师古注:"绝转运之道。"可见"委输"是运转粮食的车,引申为转运之事,也就是今天的运输。《九章算术》有"均输"之法。其中一题说:"今有程传委输,空车日行七十里,重车日行五十里。今载太仓粟输上林,五日三返,问太仓去上林几何。"古代行军,三十里为一舍,也就是日行三十里为标准速度。题中所设委输的速度都多于三十里。委输是运粮,自然比行军快。可知"委输"也因行走迅速而得名。"猰貐"、"委虒"、"委输"实在是一语之转。"委输"有车运(即陆运)与水运两途,正象"猰貐"行于山而"委虒"游于水,其迅速之义相通。

至于山水国邑姓名这些更为专用的名称,有没有命名的根据呢?从理论上说,也应当有。以人名为例,王引之作《春秋名字解诂》,俞樾又作《补谊》,黄季刚先生于俞樾之后又补之,都是讲古人的名与字意义的来源。例如,《史记·孔子世家》载,鲁国有个孔箕,字子京。俞樾认为"箕读为鲯",《说文》:"鲽鲯鱼,出东莱。"孔箕是鲁人,其籍乃鲽鲯鱼的产地,所以以鱼名为名。而京则应读为鲸,《说文》:"鱷,海大鱼也。"鱷或作鲸。以鱼为名,也以鱼为字,取其同类。又如,《史记·仲尼弟子列传》载,武城有澹台灭明,字子羽。黄季刚先生以为"灭明"一作"弥牟",都是"蠛蠓"的声转。《尔雅·释虫》:"蠓,蠛蠓。"郭注:"小虫,似蚋,喜乱飞。"这是一种比蚊子还小的飞虫,有羽翼,因虫得名,所以字子羽。再如,《仲尼弟子列传》载,鲁公夏首,字乘。一说,"首"有"上"

的意思，《方言》："顶，上也。"头顶是人体最上处，而"乘"也有"上"义。《吕氏春秋·贵直篇》注："乘，陵也。"《周语》注："上，陵也。"两字义相通。名首字乘，取"上"义。另一说，"首"有"直"义。《礼记·郊特牲》："首也者，直也。"而"乘"与"绳"通，"绳"有"直"义。《诗·大雅·緜》："其绳且直。""乘"即"绳"的声借。名首字乘，取"直"义。二说都以普通的褒义词为鲁公名字的来源，皆可通。朱骏声把这些都列为"托名标识字"，便掩盖了这些名字的真实含义了。

从以上情况可以看出，探求名物的来源，义要系同源，字要明假借，都需要以声音为线索，所以它是"因声求义"方法的一种综合的特殊的运用。

"因声求义"要运用古声韵的研究成果

在同源字中，音近是义通的外部形式；在假借和借用字中，音近又是共形的必要条件。所以，解决音的问题，是求索词义的前提。但语音是因时因地而不断变化的。词语分化以后，派生词的语音可能发生相应的变化，同根词之间因此便不再同音。文字借用后，也可能因为声音的演变而使借字与本字不再同音，或因音变而产生同字异读异义的现象。这些音变都与探求语义有直接关系，可以称作训诂音变。训诂音变是有一定规律而不是杂乱无章的。通过声音探求词义时，必须不断总结训诂音变的规律，找到声音变化的轨迹，而要做好这项工作，必须借助音韵学的研究成果。

首先,古韵分部的结论日趋细密和明确,为训诂的发展提供了极为有利的条件。

古韵分部在首创时期比较粗疏,韵部分得较少,后来日臻细密:顾炎武分十部,江永分十三部,段玉裁分十七部,王念孙分二十一部(晚年分二十二部),孔广森分十八部,江有诰分二十一部,戴震分二十五部,刘逢禄分二十六部,章太炎先生分二十三部,黄季刚先生分二十八部。

现代的音韵学家,对前代古韵分部的学说又有发展。例如,王力教授分古韵为三十二类[①],对上古韵部音值的考定,也比过去详尽。黄季刚先生早年曾举出《说文解字》形声系统、声训、异读等材料为证,主张"覃"、"谈"、"合"、"盍"应分四部,从而把《广韵》从"侵"至"凡"的闭口(包括上声、去声、入声)分为平、入六部,即"覃"、"谈"、"添"、"合"、"盍"、"帖",并主张这六部就是"痕"、"寒"、"先"、"没"、"曷"、"屑"的收唇音。但是因为《诗经》中用闭口韵作韵脚的字极少,拘守《诗经》系联的古韵学家并没有充分重视这个主张。近来,俞敏教授在《后汉三国梵汉对音谱》一文中,用梵汉对音的方法,进一步证明了闭口九韵上古确应分为平入六部,这对古韵分部又是一个大贡献。

在古韵分部的基础上,音韵学家同时又作了音值的拟定工作,并且注意到了韵部之间主要元音和收尾音的相同

---

① 见王力著《汉语音韵学》(中华书局 1956 年版),王力教授以后的音韵学著作中,也有分为三十一部或二十九部的。

与相近关系。最早提出阴、阳、入配合的是戴震,又经过许多音韵学家的相互修正与补充之后,黄季刚先生综合前人的成果,将他的二十八部以阴、阳、入三类搭配,"使阴阳二声之对转、阳入二声之收尾严密就范,可谓集古韵之大成。"(郭沫若《金文韵读补遗序》)

韵部之间的这些关系,被训诂学家用来探求训诂音变的规律,于是产生了通转之说。系统地运用通转理论来推求词义关系的是章太炎先生的《文始》。他在《文始·略例》里明确提出"声义互治"的方法,并认为"旁转对转,音理多涂;双声驰骋,其流无限"。也就是说,自有语言以来,上下几千年,方圆几千里,语音的变化是纷繁复杂的,岂能简单地仅以同韵同纽来判断同音?因此,章太炎先生定出"成均图",将他的古韵二十三部以两轴分为四界,提出了"五转"与"正声"、"变声"的条例,以明确通转的规律。在《小学略说》里,章太炎先生指出:"对转之理,有二阴声同时对一阳声者,有三阳声同时对一阴声者,复有假道旁转以得对转者。"黄季刚先生将"五转"的条例进一步严格化,列为三条:"对转者,一阴声与一阳声同入而相转。旁转者,一阴声与一阴声部类相近而相转,阳声准是。旁对转者,一阴声与一阳声不同入而相转。"(《声韵通例》)这样,就将语音变化可能有的轨迹理出头绪,于纷繁之中见规律了。

近代语音学的发展,进一步从音理上说明了通转的道理。所谓通转,即是指相近的韵部之间的相互移动变化。汉语韵母对应的关系比较整齐。相对应的阴、阳、入声在主要元音上是相同的,仅仅是韵尾不同,而相应的阳声和入声韵尾的辅音发音部位又相同,因此,很容易互相变化,这就是对转。相邻近的同类韵部则韵尾相同,仅仅是主要元音在舌位高低和开口程度上稍有差异,或主要元音相同而介音有所不同。它们之间也很容易互相变化,这就是旁转。语音的变化绝不是一次就停止了,也会出现先旁转后对转或先对转后旁转的情况。这就是章太炎先生的"假道"说。为什么又有"二阴声同时对一阳声"或"三阳声同时对一阴声"的现象呢?那是因为声韵的相同或相近关系实际上并不是一对一的。所谓韵部通转的诸多现象,借助于音韵学诸家所定的古代韵目名称及他们所确定的韵目次第所展示的配合关系,便容易理解了。

音韵学诸家所定的古代韵目名称及次第各有不同,并且以各自的方法来表现韵目之间的远近同异关系。黄季刚先生将顾炎武以来上古韵部研究已有的成果集中起来,定出了古韵 28 部,下面是他在《音韵学笔记》①中所列的古韵 28 部韵表:

阴声	歌	灰		齐	模	侯	萧	豪	咍		
入声	曷	没	屑	锡	铎	屋		沃	德	合	帖
阳声	寒	痕	先	青	唐	东		冬	登	覃	添

这个上古音韵部表,将传统古音学的研究成果全部集中显

---

① 见《黄侃国学讲义录》,中华书局,2006 年,第 201-202 页。

示,以后的研究,都是在这个基础上局部的发见和补充。下面,我们再以俞敏教授所定古韵及其次第表,来说明通转的道理。表①如下:

分组 / 收尾音 / 主要元音	A			B			C	
	(阴)-	(入)g	(阳)ŋ	(阴)l.r	(入)d.s	(阳)n	(入)b	(阳)m
i,e	支	锡	青	齐	屑	先	帖	添
a	鱼	铎	唐	歌	曷	寒	盍	谈
o	侯	屋	东	灰	没	魂	合(沃)	覃(冬)
u	幽	肃						
au	豪	沃	冬					
ai	之	德	登					

从上表可以清楚地理解对转与旁转的关系。

对转:包括同行同组的韵部。

旁转:包括同列相邻(首与尾两组也衔接相邻)的韵部。

旁对转:包括相邻而不同列或同行而不同组的韵部。

从音理上说,这些都是合乎逻辑的。而从训诂音变确有的轨迹看,这些也都是符合实际的。

关于声纽的研究,音韵学家从《广韵》四十声类出发,逐

---

① 此表是俞敏教授 1980 年讲授音韵学时所用。主要元音与收尾音的注音用的是拉丁字母,简明清晰。表中采取主要元音相同者均取同一横行,收尾音相同者均取同一竖列的排列方法表示,使韵部的左右纵横关系一目了然,于纷繁之中见其条理。关于俞敏教授的古韵分部主张及根据,可参看他的《后汉三国梵汉对音谱》。

步探求上古与中古声纽的异同,其中已经得到证明的有以下几项:

（一）古无舌上音,舌上音在上古应归舌头（钱大昕证明）。

（二）古无轻唇音,轻唇音在上古皆读重唇（钱大昕证明）。

（三）"娘"、"日"二纽上古归"泥"纽（陈澧已提出,章太炎进一步证明）。

（四）"喻（三）"上古归"匣"纽,"喻（四）"上古归定纽（曾运乾证明）。

系统论述声纽问题的是清人邹汉勋。他在《五韵论》一书里列出如下论古声纽的题目:

二十二、字纽异同图

二十三、论隔类"知"、"端"六声本为三声本钱晓徵说

二十四、论"照"、"穿"、"床"、"审"当析为"照"、"穿"、"神"、"审"、"留"、"初"、"床"、"所"

二十五、论"照"之"照"属古读同"端"、"知"本钱说

二十六、论"穿"之"穿"属当并"彻"、"透"

二十七、论"禅"当并"澄"、"定"

二十八、论"泥"、"娘"、"日"一声

二十九、论"晓"当离为二:曰"晓"曰"许"

三　十、论"审"、"群"当并于"晓"之"晓"属

三十一、论"喻"当并"匣"

三十二、论"邪"当并"许"

三十三、论"帮"、"非"八纽当并为四

三十四、论"神"本在"禅"顾陆诸人析出从"影"

三十五、论"许"、"疑"二母古读轻唇

三十六、论字纽犹韵类有古本音有流变

邹氏这十五论①，全文已经亡佚，从题目看，首论是总结论，末论是总方法，中间十三项分论，将在他之前有关古声纽的证明都吸收进来，并且又作了很多新的证明。按他的十五论，可从中古四十声类中归纳出上古二十声纽。这与黄季刚先生"古本音十九纽"之说几乎完全相同。前人对十九纽并未全部证明，现代音韵学家对其中一些项也尚有争议，但就传统训诂学来说，十九纽已是当时较为得力的工具，对测定双声起过很大的作用。

测定双声从训诂学的角度还是为了推求训诂音变的规律，双声也可以看出语音变化的轨迹。因双声而发生声纽的变化叫作"纽变"。黄季刚先生在《声韵通例》里将双声的条例归纳为："凡同纽者，为正纽双声；凡古音同类者，为旁纽双声；凡古音喉、牙有时为双声；舌、齿有时为双声；舌、齿、唇，有时与喉、牙为双声。"这个条例的前两项，"同纽"指声母完全相同，"同类"指发音部位相近，是正例。后三项是变例。

---

① 邹汉勋，湖南新化人，生于咸丰时代，著有《敩艺室丛书》。其中《五韵论》谈到他治声纽的途径是用梵文对照剖析"呼"、"等"，定《广韵》的声纽为四十类，正与陈澧所用系联之法所得结论一致。然后他又根据四十声类考订古纽。这十五论就是他对古纽的具体证明。他得出的二十声纽，包括影、晓、许、匣、见、溪、疑、端、透、定、来、泥、精、清、从、心、帮、滂、並、明。黄季刚先生十九纽"许"纽未从"晓"中析出，其余大致同邹说。

说"有时",就是属于偶或出现的情况,不是普遍规律。

双声在训诂上的运用,不如叠韵和韵转那样广泛。因为古代语音的研究首先靠韵文入韵之字的系联,上古声母的研究较韵母资料更少,因而众说不一,变化的轨迹难以寻求。所以钱大昕有"叠韵易晓,双声难知"的说法(《小学经解》)。实际上,在运用"因声求义"这一方法时,双声也是非常重要的。汉语的声与韵有着明确的配合规律,声韵的演变,更是彼此影响,互为原因。在运用叠韵和韵转的同时,也需要注意双声,才能将训诂音变的轨迹探求得准确一些。

关于上古声调的问题,清代以来的古韵学家有以下主张:

(一)四声一贯说(顾炎武)

(二)古有四声,与今读不同说(王念孙)

(三)古无去声说(段玉裁)

(四)古无入声,皆读去声说(孔广森)及平上一类、去入一类说(章太炎)

(五)古无上去,仅平入二声说(黄季刚)

这些主张分歧很大,至今很多问题仍未定论。但就训诂学来说,一般认为入声是收尾音的问题,不是声调问题,而在探求古代词义关系时,阴、阳与入有通转关系,平、上、去虽能别义但大抵同源,这样可以说,训诂家对声调问题远不及对韵部和声纽问题更关切了。

训诂家运用古韵的研究成果来判断音同和音近,并据此提出训诂音变的可能性,说明音变轨迹的合理性。因此,前代许多训诂学家必兼治音韵,而音韵学的每一成果,都对训诂学有推动作用。反之,音韵学研究的不足之处,也都影响训诂家探求词义的准确性。从这个意义上说,音韵学是训诂学的工具,今后的训诂学仍要仰赖音韵学的进一步发展。

语音变化的复杂性和"因声求义" 材料的广泛性

尽管在运用"因声求义"的方法时,要借助音韵学已经取得的成果,但是,汉字不是拼音文字,古代记音符号又不发达,因此,音韵研究所能获得的资料未能完备,分部与审音的工作也未能尽善,很多音变的规律还不能全部为我们所掌握。另一方面,对一个具体的词来说,语音演变的情况十分复杂,而它的演变的历史轨迹,又往往被汉字所掩盖,难以探求,常常只能推测出可能的路线而无法考察出每一时期的已然状况。所以,死守韵部和声类,就会对许多现象无法解释。段玉裁死守他的古韵十七部,对《说文》某些字的声音讲不通,只好说"未详",有时还凭主观臆测妄改原书。王念孙作《广雅疏证》,运用以音求义、以义证音的方法,考证较为精博,所以成就较大。他感到韵部的限制性太大,于是曾设想语音是沿着双声变化的,因而试图把个个字都按三十六字母来贯穿。他的《释大》(罗振玉印本《高邮王氏遗书》)就是这样一部著作。这就又显得偏狭了。

总结训诂音变的规律应当运用广泛的材料,必须从多方面去考察义自音衍和依声破字的现实状况。除已定的韵部和声类外,以下几方面的材料都是值得注意的。

(一)形声系统

一般说来,同声旁的字应当音同或音近。但是由于时代和地域的差异,有些同声旁的形声字拿已定的韵部和声类来衡量,声音却相距很远。后代人不去详细推求它的演变原因,反而妄改前人的著作,使形声系统遭到破坏。拿《说文解字》来说,徐铉本、徐锴本都有不少处把说解中"某声"的"声"字删掉(徐锴本有时还有"俗本有声字"和"某非声"这类字眼,可以看出原文曾有"声"字)。例如"位"字,徐铉本作"从人、立"。其实从训诂上说,"位"是"立"分化出的同源字,其字并从"立"得声。郑玄《周礼·春官·小宗伯注》:"故书'位'作'立'。"郑众注:"'立'读为'位'。古者'立'、'位'同字。古文《春秋经》'公即位'为'公即立'。"《三体石经》"位"也作"立"。但是从二字的声韵看,"立"在半舌音的"来"纽、"合"韵,"位"在浅喉的"匣"纽、"没"韵。二字既非双声,韵部也离得较远。但是以"位"为声旁的"莅"(又作"涖",二字皆不见于《说文》),音却为"来"母(与"立"双声)"灰"韵(与"位"韵对转),便可以看出"立"与"位"的声音关系。其实,"立"就是"临","立"与"临"同声,韵对转。何休《公羊传解诂》说:"律文:立子奸母,见乃得杀之。"这个"立"就是"临"。而"临朝"也就是"即位"。实际上,"立"是动词,所立之处就是"位",它们的意义关系也是显而易见的。"位"

与"立"确是同一形声系统的同源字,那么,他们的声音差异如何解释呢? 从声纽的"来"纽与"匣"纽的关系看,半舌"来"纽与浅喉相通的情况很多。从形声系统看,从"各"之字有"路"、"络",从"果"之字有"祼",从"鬲"之字有"隔"、"槅"、"搹"……从连绵字看,"穹隆"、"鹡鸰"、"蜻蛉"、"果蓏"、"瓠芦"……都证明半舌与浅喉相通。从韵部的关系看,黄季刚先生主张"合"韵是与"痕"韵相对的闭口韵,因此与"灰"发生旁对转关系便一清二楚。这两种情况,声纽的情况虽从音理上还没有较为妥当的解释,但从现象上却可见其规律,是文字训诂学向音韵学提出的一个课题,而"合"与"痕"、"灰"的关系问题在黄季刚先生还是设想,今天已由俞敏教授在《后汉三国梵汉对音谱》中从音理上证明了。"立"与"位"的关系,又是训诂学为音韵学提供的一点旁证。这说明直接运用形声系统来探求训诂音变是必要和可能的。

(二)声母互换

声母(指形声字的声符)相同的形声字往往有共同的意义,这个现象很早已被发现。北宋王圣美创"右文说",以为声母之字形带有意义。这种说法是有错误的。清代训诂学家纠正了这种说法,认为同一系统形声字的意义联系不是因声母之形而有的,而是因声母之音而生的。清人黄承吉作《字义起于右旁之声说》(见《梦陔堂文集》),强调了形声字之标音是"因声求义"的重要资料。其后刘师培也反对"右文说",阐明"右声说"(见《左盦集》)。声母互换的现象,正说明"右文说"的谬误,"右声说"的正确。

异体字采取不同的声母标音,这种情况叫"声母互换"。训诂学家往往运用这类资料,考明音与义沟通的线索。

首先,声母互换可以通假借。比如《说文·十一上·水部》"漉"或作"渌",《竹部》"篗"或作"箓",《六上·林部》"麓"或作"𣏎"。可知"鹿"与"录"作声母时曾多次互换,证明二字彼此同音,并且古代惯于通用。《说文·一上·示部》:"禄,福也。""禄"之训福,则从"鹿"得义。古代以鹿为吉祥的动物,《十上·鹿部》"麗"字下说"礼麗皮纳聘,盖鹿皮也",《十下·心部》"慶"字下说"吉礼以鹿皮为贽"。所以"禄"的音义均来自"鹿"。

又如《说文·八下·邑部》"扈"或写作"𨚵"。"扈"与"马"是声母互换。虽然"户"在"模"韵,"马"在"覃"韵,但马融《广成颂》"薙扈籭荧"即直以"户"为"马"。《说文·六下》:"華,荣也。""蕚,艸木華也。或作'葩'。""華"(简化作"华")、"蕚"、"葩"本是同字。《七上·马部》:"马,嘾也,象艸木之華未发函然。"其实"马"就是"華"。又《方言》:"冯,洿也。"《广雅》:"冯,污也。"上面这些例证都足以证实"马"虽在"覃"韵,却能与"模"韵之字相通,也说明一些音韵学家认为"侯"、"屋"、"东"一组与"灰"、"没"、"痕"一组及"合"、"覃"一组主要元音相同确有迹可寻①。

其次,用声母互换的材料,可以贯穿同源字。《说文·四

---

① 见前文俞敏教授古韵部次第表。

上·鸟部》"鵜"的重文作"鸺",证明"夷"、"弟"古音相同；《隹部》"雉"重文作"鴺"，又知"矢"、"弟"古音相同。既然"夷"、"弟"、"矢"三个字古音相同，也就可以通训诂。古代杀人的极刑叫"夷"，秦法有"夷三族"之刑，汉代尚有"夷三族"之令。《汉书·刑法志》载其令曰："当三族者，皆先黥、劓、斩左右止（趾），笞杀之，枭其首，菹其骨肉于市。"夷刑即后世之凌迟（古称"陵夷"，亦作"陵迟"）。割草叫"薙"。《说文·一上·艸部》："薙，除艸也。《明堂月令》曰：季夏烧薙。"割去髪毛叫"鬀"。《说文·九上·髟部》："鬀，鬎髪也。大人曰髡，小人曰鬀，尽及身毛曰鬎。"由"夷"、"矢"、"弟"声母互换，可知"夷"、"薙"、"鬀"是音近义通的同源字。

（三）读若

"读若"本是一种直音方法，但是《说文》的"读若"并不只为了注音，同时也说明古代文献遣词用字的已然情况。所以，它既可以用来证音，又可以直接用来作为推求训诂的材料。

首先，"读若"可以用来标明异体字和古今字。如《说文·五下·亼部》："亼，读若集。"亼是象形字，用三个笔划象征人工集聚许多东西。上尖下平，是集土成丘的形状。"集"是"亼"的后出字。文献上都用"集"字而不用"亼"字。在训诂上"集"与"就"音义相通，是同源词。"就"从"京"，《五下·京部》："京，人所为绝高丘也。"可见"就"的具体词义与"集"一致，正是"亼"的形体所反映的形象。所以"集"可引申训成就。《左传·成公二年》:"此军一人殿之,可以集事。""集事"指完成战争的任务,也就是"成就主帅的职责"。又如《十二下·乚部》:"乚,读若隐。""乚"当"隐匿"、"隐蔽"讲。"隐"是"乚"的后出字。《白虎通义》:"衣,隐也。"是说衣服可以隐蔽身体。这个"隐",就是"乚"。通过"读若"将音义全同的异体字或古今字集合在一起,可以避免同词异形而造成的意义混乱。

其次,《说文》中的"读若"还可以说明文献中的同音借用现象。例如:《说文·三下·攴部》:"敠,闭也,读若杜。"汉代的典籍常以"杜"代替"敠",《周礼·夏官·大司马》:"犯令陵攻则杜之。""杜"义为"禁闭",是"敠"的借字。"杜"从"土"声。《公羊传·成公二年》:"使耕者东亩,是土齐也。""土齐"就是堵塞齐国东向出兵的道路。则又以"土"代"敠",也就是今天的"堵"字。"敠"从"度"声,"杜"从"土"声。而"土"、"度"同音,也曾互相借用。《周礼·地官·大司徒》:"以土圭土其地,而制其域。"郑玄注:"土其地犹言度其地。"《春官·典瑞》《考工记·玉人》皆有"土圭以致日,以土地"之文,郑玄注并说"土犹度也"。又如,《说文·十三下·力部》:"勞,健也,读若豪。""豪"训"豕鬣如笔管者",而文献中"豪傑"、"豪强"的本字都应是"勞",从而证明楚之先祖称"若敖"、"莫敖",即"伟大的酋豪"的意思。

《说文·三上·言部》:"訬,訬扰也。一曰訬狯。从言,少声。读若鬽。""少"声的"訬"在豪部(段玉裁的第二部),"鬽"在添部(段玉裁的第八部),韵部相距甚远。段玉裁拘守韵部,只好在"读若毚"下注云:"未详。"其实,古书中"訬"与"毚"同音互用的情况很多,如《汉书·叙传》:"江都訬轻。"《国语》:"戎狄冒没轻儳。""訬轻"就是"轻儳"。又如《论语·季氏》:"言未及之而言谓之譟。"案《说文》不录"譟","譟"即"訬"的别体字。而《礼记·曲礼》:"长者不及无儳言。""儳言"就是"訬言",也就是《论语》所说的"譟"。上面这些例证,都说明"訬"、"毚"曾经因同音而互用。《说文》作这个"读若",是有根据的。不能因为现有古韵的研究成果暂时无法从音理上解释这种现象,就轻易否定它。

(四)异文

异文指同一文献的不同版本中用字的差异,或原文与引文用字的差异。清代学者对古籍的异文进行了很多研究。如李富孙有《春秋三传异文释》,陈乔枞著《四家诗异文考》等等。古代经史中有异文可考的很多。如《周礼》可与《周礼故书》相比较,宋世荦著有《周礼故书疏证》。《仪礼》有古文本与今文本可比较,胡承珙著有《仪礼古今文疏义》。再如《左传》《史记》所引的《周易》《诗经》《尚书》《三礼》都可考其异文。《说文》中也很重视异文。如《十三下·土部》:"塴,丧葬下土也。《春秋传》曰:'朝而塴。'《礼》谓之'封',《周官》谓之'窆'。《虞书》曰:'塴淫于家。'"这说明"塴"、"窆"、"封"三字在典籍中曾为异文。另外,《说文》往往用引经方式说形、说义、说音,它所引的经文常常兼用异文。如《二上·口部》:"吝,恨惜也。《易》曰:'以往吝。'"(按:引文为《易·蒙卦·初六爻辞》。)《二下·辵部》:"遳,行难也。《易》曰:'以往遳。'"(或说此据京房本。)又如《十二上·手部》:"擎,固也。读若《诗》'赤舄擎擎'。"《十四下·己部》:"㠯,谨身有所乘也。读若《诗》云'赤舄己己'。""夯"与"遳"、"擎"与"己"皆属异文。许慎认为异文是考训诂、明音读的重要材料,所以他博征异文以喻音义。

训诂学家和注释家常依靠异文,考明词义。比如《周礼·考工记·弓人》在说到造弓六材中的胶时说:"凡昵之类不能方。"郑玄注:"郑司农云:'谓胶善戾,故书昵作㭉。'杜子春云:'㭉读为不义不昵之昵。或为䵑。䵑,黏也。'玄谓:㭉,腝膏腝败之腝,腝亦黏也。"这里的"或为䵑"是说故书"㭉"或为"䵑","䵑"即"黏"之或体(见《说文·黍部》)。"腝"《说文》作"殰",说:"脂膏久殰也。"《经典释文》引吕忱《字林》"腝"说:"膏败也。"刘熙《释名》作"臟"。《广雅·释器》:"臟,臭也。"《说文·土部》又有"埴"字,训黏土。"昵"、"䵑"、"㭉"、"腝"是经注异文,"殰"、"臟"为字书异文。而这些字或同韵相转或双声相迻,都是"因声求义"的重要资料。

《尚书·尧典》:"辨秩东作。"《史记·五帝本纪》作"便程东作"。可知"秩"与"程"曾因音近而通用过。但"秩"在"屑"韵,"程"在"青"韵。仅从韵部看,"青"与"屑"没有直接对转的关系。但从形声系统考察,"青"与"屑"确有很密切的关系。"呈"从"壬"声,在"青"部,而从"呈"声之字,有"𧛘"、"戜"、"鐡",都属"屑"韵。(《说文·二上·走部》"趚"下曰:"读若《诗》'威仪秩秩'。"也可见"失"与"壬"声相通。)

又"中"字,《说文·一下·中部》"中读若徹",本在"屑"韵。而从"中"得声之字有"蚩"、"鞑",《说文》二字都"读若骋","骋"在"青"韵,又可证明"屑"、"青"二部关系密切。章太炎先生曾在论及"中"与"壬"二字都指植物的茎挺,是同源字时,说到"中"在"至"(即"屑")韵,"壬"在"清"(即"青")韵,"至"与"清"有次对转的关系。他的《成均图》也可以看出"至"与"清"的这种关系。有人批评他"转得太宽"。其实,太炎先生的《成均图》只不过表现了训诂音变实际存在的轨迹。从上面一系列情况看,他的说法绝非都是主观臆断,而是对各种复杂的语音变化的现实情况的描写。

通过"秩"、"程"异文,明确了"屑"与"青"可以相通这条音变规律,就可以用来解决训诂问题了。《史记·陈涉世家》:"尉果笞广。尉剑挺,广起,夺而杀尉。"一般都训"挺"为"拔"。根据《说文·十二上·手部》:"挺,拔也。"这又是一种望形而生训的错误:一则"尉剑拔"不合语法,正常词序应说"尉拔剑";二则,也不符合当时的情况——尉正在"笞广",并无杀广之意,何需于笞广之间拔剑呢?那么,"挺"应如何解释呢?其实,"挺"是"跌"的借字。《说文·二下·足部》:"跌,踼也。"《汉书·王式传》"阳醉逷地",颜师古说:"逷,失据而倒也。""跌"和"踼"都是失去重心而倒,所以"跌"引申训"脱"。所以,徐广注《陈涉世家》"尉剑挺"这句时说:"挺犹脱也。""挺"训"脱",字应是"跌"。"跌"假借"挺",正反映了"屑"与"青"两部的关系。

有些假借字或通用字声母相同,似乎不必再证其同音,但要说明意义之来源,求得一个更为符合原义的解释,异文的材料仍有很大的价值。例如《论语·阳货》:"孔子时其亡也,而往拜之。""时",有人解释作"瞯",有人说是"伺"的假借,都不得要领。考之经传和字书的异文,便可得到贴切的答案:这里的"时"实际是"待"。"时其亡也而往拜之",就是"等到他不在家的时候去拜访他"。这一点从以下材料皆可证明:

　　《广雅·释诂》:"晬、离,待也。"《方言》作"晬、离,时也"。

　　《礼记·月令》:"毋发令而待。"《吕氏春秋·季夏纪》作"无发令而干时"。

　　《易·蹇象传》:"宜待也。"张璠本"待"作"时"。

　　《易·归妹象》:"愆期之志,有待而行也。"《经典释文》:"一本待作时。"

这些异文的材料,证明"时"与"待"在古代文献里通用的情况很多。"待"训"止",包括空间之止与时间之止,意义也与"时"相通,二字是同源通用字。

(五)声训

　　声训是用音近义通的字作训。因此,训释字与被释字必然音同或音近。它应当有两种情况:一种是同源字互训,另一种以声训推索事物得名的由来,也就是以发源字训孳乳字。《说文·一上·玉部》:"璊,玉赪色也。禾之赤苗者谓之虋。言璊,玉色如之。"《八上·毛部》:"𪏘,以𪎭为纑。色如虋,故谓之𪏘。虋,禾之赤苗也。""璊"、"𪏘"都从"㒼"得声,与"虋"字古音相同。二字皆用"虋"字释之,是因为都具有禾苗的颜色而得名,即《荀子·正名篇》所说的"物有同状而异所予之一名"。二字是同源字互训,属于前一种。《仪礼》郑注"弁,名出于槃"和《礼记·杂记》郑注"輤,取名于楪与蒨,读如蒨茜之蒨"则属于后一种,是推索事物之得名。因此,声训是古代注释中直接阐明"因声求义"的特有方式。汉代的训诂家爱用声训,也有根据不足的。如刘熙的《释名》,由于没有把音近义通现象的适应范围从理论上弄准确,因此牵强附会之处很多。但即使是这样,《释名》一书中,也还是有不少可供参考的资料。例如《释名》说:"天,显也。"可证后来的祆(xiān)神教的"祆"是从示,天声。"祆"读"火千切"即"天"、"显"同音之证(见《说文·一上·示部》新附字)。又《释名》:"丧祭曰奠。奠,停也,言停久也。"可知"奠"就是棺材停放时而设祭的一种仪式。"奠"字古韵兼入"先"、"青"两韵,正如"令"字在《诗经》押韵中既与"仁"、"电"等相押,又与"鸣"、"征"、"生"等字谐韵;"天"字既与"人"等字押韵,又与"平"等字押韵。所以"奠"可以与"定"、"停"同音。从形声系统看,"鄭"正从"奠"得声。《周礼·考工记·匠人》:"凡行奠水。"郑众注说:"奠读为停。""行奠水"就是把停滞不流通的水疏通开去。这就是《释名》所说的"奠,停也"这个声训的佐证。

（六）连绵词

连绵词又称"连语"或"连字"，是古代汉语里的一种特殊的双音节单纯词。它的语音结构就其原始形态说来，或双声，或叠韵，而且，它的词义发展常伴随着有规律的音转。因此，它也是"因声求义"一种有用的材料。

首先，通过连绵词上下字的语音结合关系，可以用来考察声韵之正变。如《诗经》的双声连绵词有"参差"（古音都是"清"纽）、"栗烈"（古音都是"来"纽）、"蒹葭"（古音都是"见"纽）、"伊威"（古音都是"影"纽）等，叠韵连绵词有"窈窕"（古皆"豪"韵）、"夭绍"（古皆"豪"韵）、"崔嵬"（古皆"灰"韵）、"仓庚"（古皆"唐"韵）等。这些都是完全的双声、叠韵，是正例。也有变例。如"蕴结"（上"影"母，下"见"母）、"威仪"（上"影"母，下"疑"母）、"猗嗟"（上"影"母，下"精"母）……这些都可说明，深喉的"影"母，可与"见"系、"精"系声纽相通。也说明连绵词的双声比较宽。同时，连绵词用韵也比较宽，如"蒙茸"即"蒙戎"。而"茸"在"东"韵，"戎"在"冬"韵。王念孙早年曾据此否认"东"、"冬"有别，后来承认连绵词合韵的现象很多，并撰《合韵谱》一书，"蒙茸"与"蒙戎"即是"东"、"冬"合韵。又如，《诗经》有"缉御"，为"趀趄"之变。前字"覃"韵，后字"模"韵，又可证"覃"、"模"的次对转关系。这些都属有音转的变例，但音转仍是有规律的。

其次，连绵词本身的意义和用字也在不断发生变化。这种变化也可以看出声音演变的轨迹。例如：

"拘覤"。《说文·八下·见部》："覤，拘覤，未致密也。""拘"从"句"声，在"见"母"侯"韵，"覤"从"且"声，在"精"母"模"韵，声韵略近。后来发展成"苟且"，仍从"句"声、"且"声。

"狼狈"。应作"狼跋"。《说文·二下·足部》："跋，步行獵跋也。""獵"为"来"母，"跋"为"並"母，二字都是入声"曷"韵。又写作"剌跋"、"剌友"、"剌址"。"狼"与"獵"双声，韵转"唐"韵，"狼狈"虽不再叠韵，但变化的轨迹可见。

"迷阳"。表示广大渺远义的连绵词有双声的"迷漫"、"迷茫"等，也有叠韵的"茫阳"、"望洋"等。"迷阳"就是由"迷茫"和"茫阳"合成。上字取双声的唇音，下字取叠韵的"唐"韵，致使这个词本身既非双声，也不叠韵了。

……

从以上几例可以看出，连绵词上下字的音变虽然情况较为复杂，但仍有轨迹可寻。它们音与义的关系也是可以追索的。如：

今天的"葫芦"、"蝌蚪"、"花骨朵"、"蝦蟆骨嘟"等词，可以追溯到瓜果之"果蓏"，鸟之"果蠃"，虫之"果蠃"，都是同一语音结构的叠韵连绵词，形状都为长圆。其中虽于声或韵小有变化，但轨迹仍很清楚。

今天的"邋遢"、"落拓"、"拖沓"等有"不整齐"、"不俐索"、"不景气"等义的连绵词，可以沿其语音结构追溯到六朝的"落度"。《三国志》："往者丞相亡没之际，吾若举军以就魏氏,处世宁当落度如此耶?""落度"就是"不景气"。

有了这些辅助的语音材料后,一方面可以进一步证实古代韵部和声类所显示的音同、音近和训诂音变的规律,另一方面又可以证实正常规律之外的变例,以免拘守韵部和声类,将一些变例绝对排斥,而把复杂的现象简单化。

音义关系的另一种体现——"以义正音"

音与义的关系,既可以体现在通过声音线索探求词义上,又可以体现在根据意义关系就正字音上。前者是由形式追求内容,即"因声求义",后者则是因内容而推求形式,也就是"以义正音"。可以说,"以义正音"是"因声求义"方法的相反施行。

"因声求义"与"以义正音"的相互推动,在训诂上有很多实例,比较典型的如《诗·王风·扬之水》:"扬之水,不流束蒲。"《毛传》:"蒲,草也。"郑笺:"蒲,蒲柳。"《经典释文》引孙毓之说:"蒲草之声,不与戍许相协,笺义为长。"孙毓根据《诗经》押韵,求出"蒲"在这里应读上声,从而得出"蒲"应是"蒲柳",不是"蒲草"的结论,这是"因声求义"的运用。而黄季刚先生则根据孙毓认为"蒲草"的"蒲"读平声,"蒲柳"的"蒲"读上声这一事实,再一次证明孙毓当时已有平声与上声区别意义的现象。再加上其他的佐证,便得出了"平上之分起于东汉之末"的结论。这又是"以义正音"的施行了。所以,戴震在《转语二十章序》中说:"疑于义者,以声求之;疑于声者,以义正之。"这十六个字,概括地说明了训诂的音义互求方法。

"以义正音"实际上包含两种内容:第一,是以大量的义通之词声音演变的轨迹,来证明古代声纽与韵部之间的关系,以为音韵学研究古代汉语音系的佐证。例如,黄季刚先生认为闭口九韵于上古应分为六部。这六部可以与"寒"、"曷"等三组相配。其搭配关系为:"齐"、"屑"、"先"与"帖"、"添"相配,"歌"、"曷"、"寒"与"盍"、"谈"相配,"灰"、"没"、"痕"与"合"、"覃"相配①。且取其中"灰"、"没"、"痕"组与"合"、"覃"相配为例。以下同源义通之字可以为证。

(1)"位"从"立"(实从"立"得声),而"位"与"立"意义上为名、动之别,二字同源。但"位"在"没"韵,"立"在"合"韵。

(2)"内"从"入"(实从"入"得声),二字义为静、动之别,同源。但"内"在"没"韵,"入"在"合"韵。

(3)"计"从"十"(实从"十"得声),"十"为数之具,与"计算"之义通,二字同源。而"计"在"没"韵,"十"在"合"韵。

(4)"習"(简化为"习")从"白"(实从"白"得声),"習"训"数飞",飞则出气,而"白"即"自",象鼻形,引申为出气。(《说文·四上·白部》:"白,此亦自字也……词言之气从鼻出与口相助也。")二字义也相通,而"習"在"合"韵,"白"在

---

① 见前文俞敏教授古韵分部与次第表,六部的搭配黄与俞同。

"没"韵。

……

　　这些意义相通之字,分别属于"合"、"没"二部,可以从训诂的角度给闭口韵分六部而与"先"、"寒"、"痕"三组相配这一音韵命题提供佐证。这是"以义正音"的一个内容。

　　"以义正音"的另一个内容,是通过已经无疑的意义关系,来就正个别字词的音读。有许多字,《诗经》从未用来谐韵,也没有其他可靠的注音资料可供参考,致使很多古韵学家歧说纷纭。这种情况下,求之于音、义的关系,运用"以义正音"的方法,可以得出较为可靠的结论。下略举数例:

　　"丫"。《说文·四上·丫部》:"丫,羊角也。象形,读若乖。"严可均以此字入他的"脂"部①,章太炎则入"歌"部。究竟应入何部?"丫",隶变作"丷"。《释名》说:"枷或作丷。丷杖转于头,故以名之也。"这里"枷"与"丷"同音为训。"丷杖"即今之"枴杖"。"枴"字《广韵》作"枤"。"枤"是"丫"的后出字,变作"枴",讹为"枴"(与"刵"隶讹作"别"同)。古人枴杖上歧出,可以挂物挂钱,所以形似羊角作"丫"。"丫"即"乖"的古文,《说文》以"读若乖"证之。而"乖离"为叠韵连绵字。"枷"、"枤"("枴")、"乖"、"离"都是古"歌"部字,"丫头"的"丫",本由"总角"得名,也和训"羊角"的"丫"字音近义通。"丫"更是"歌"韵的本读。这些都足以证明"丫"在

————————

① 严可均的"脂"部比较大,相当于段玉裁的十五部加十二部入声、黄季刚的"灰"、"没"、"屑"、"曷"四部。

"歌"部。

"产"。《说文·九下·厂部》:"产,仰也。从人在厂上。一曰屋栖也。秦谓之桷,齐谓之产。"大徐本同李舟《切韵》作"鱼毁切"。严可均《说文声类》入古韵"支"部[1],段玉裁《六书音韵表》列入十六部,与严说同。也有入"歌"部的。这个字自李《切韵》都以"危"字拟其音读。但是,"产"的字形从人在厂上。"厂"同"山"字音近义通,以"产"从彦省声、"彦"从厂声可证。人在山上而训"仰",则应是古"瞻"字。而且,这里说"齐谓之产",《木部》"楣"下又说"齐谓之檐",可见"产"与"檐"也是异体字。以上两义都可证"产"与"詹"音同,所以"产"应在"添"韵,即严可均的"谈"部,段玉裁的第八部。

"斫"。《说文·十四上·斫部》:"斫,二斤也。"小徐本有"阙"字,大徐本读"语斤切",阮元《积古斋款识·曶鼎铭》下说:"質作斫,古省文。"朱骏声说:"斫"当读如"質",即"椹質"之"質"。"椹質"见《周礼》,应作"抚斫"。章太炎《小学答问》说:"斫当音質。質从斫声。《九章算术·少广篇》刘征注曰:'张衡谓立方为質,立圆为浑。'案平子汉人,言必有法。立圆为浑,即军为圜围之义,浑本当作军。立方为質,则斫字也。斤为斫木斧,今浙东斫柴所用是其遗法。背厚刃薄,作五面形。依《九章算术》邪解之方,得两堑堵,两堑堵颠倒相

---

[1] 严可均的"支"部即段玉裁的第十六部,相当黄季刚二十八部的"齐"、"锡"二部。

补，即成立方。今斫柴斤成五面者，正中堙堵。立体难象，故只以邪解平方象之，取其侧形。其字本当作Ϸ，石鼓、彝器稍变作Ϸ，小篆乃变作Ϝ，皆篆势取姿耳。本形斤象邪解平方，实邪解立方也。两斤颠倒相补即为立方矣。故二斤为所，即立方之义。"章太炎此说，以邪解立方讲明了从二斤之义。又以"立方为质"说清了"质"即"所"，本义即立方。不但由此证实了"所当音质"，而且说明了"斧质"的"质"字、"两柱同质"的"质"及"人质"的"质"字意义的来源（因其为正方，所以叫"质"，又因其垫在下面，所以引申为基质、抵押等义），达到了真正的音义统一。大徐因不解"二斤"之义，所以附会"斤"字为其音读，是不确切的。

"皀"。《说文·十四下·皀部》："皀，两阜之间也。从二阜。"大徐本附会"阜"的音读为"房九切"（今读 fù），实际应读"似醉切"（今读 suì），也就是今天的隧道之"隧"。隧本两山中间的窟地，引申地下道也叫隧道。"隧"也作"衍"。《周礼·春官·大祝》"二曰衍祭"，郑司农说："衍祭，羡之道中，如今祭殇，无主命。"墓中道本叫隧，《左传》所说"请隧，弗许"，隧即隧葬，也就是"衍祭"，所以隧道又称"衍道"、"延道"、"羡道"。"皀"也与"谷"（yán）通。《说文·二上·口部》："谷，山间陷泥地。""谷"、"衍"、"延"、"羡"都在"寒"韵，知"皀"音"隧"，在"曷"韵，与"寒"对转。

……

从以上数例可以看出，不解字义，难正字读，要解字义，除了因形而说明字的本义外，还应以同源之字贯穿意义之间关系。所以说,"以义正音"是"因声求义"的相反施行,它是音义关系的另一种体现。

运用"因声求义"的方法必须
核证于古代文献语言

音近义通是词汇发展的历史必然,而音同义异又是音义联系的偶然约定。这两种现象都表现为同音,但却是不容混淆的。如果混淆了,把音近义通的字当作偶然,就会割断同根词的联系;同样,如果把音同义异的字硬拉成必然,就会牵强附会,随意生训,使词义的解释流于主观。这些都是运用"因声求义"方法的禁忌。

从语音的情况看,大部分的同源字和假借字声音的联系都是在古代音系所展示的规律之中的,一般是三种情况:(1)声韵全同;(2)声同韵转;(3)韵通声近。但是,正如前面所说,由于语音变化的复杂性和音韵本身的研究未尽完善,使得在系同源和明假借的时候又不能全然拘于韵部和声类,对这种声音问题上的变例,完全采取不承认的态度是不妥当的,唯一的办法是掌握较多的材料,重视分析与核证,然后再作结论。

由于以上原因,运用"因声求义"的训诂方法,必须核证于文献语言,也就是必须从实际语言材料中找出"信而有征"的佐证,以避免主观臆测,妄作推断。

怎样核证于文献语言呢?

先谈系同源。以"首"和"道"、"共"和"具"为例。

"首"和"道"。《说文·二下·辵部》:"道,所行道也。从辵从首。一达谓之道。"道无歧路,直通直达,形同颈首,所以从"首"。正如"九达谓之逵","逵"也作"馗","馗"字从"首"的意思与此相同。段玉裁在"道"下注"首亦声",但"道"与"首"是否同源,还需要从意义上加以证明。

首先,从文献语言中考察它们的词义异同。"首"的本义是头,《方言》"人之初生谓之首",引申训"始"。《尔雅·释诂》:"首,始也。"这是古代文献中的常训。因"始"义而引申为"根本"的意思。如《公羊传·隐公六年》"首时过则书";《礼记·曾子问》"不首其义";《礼记·礼运》"各首其义"。这些都训"首"为"本"。另一方面,因为首颈相接,是人体直达的顶端,所以又有"直"义。《礼记·郊特牲》:"首也者,直也。"又引申直述其事。如"自首"。"首"的这些主要词义,"道"也都有。"道"从"道路"的意思,引申为"道理"之"道"。《管子·君臣篇》:"顺理而不失之谓道。""道"是应当遵循的规律,所以引申出"始"与"本"的意义来。《韩非子·主道篇》:"道者,万物之始,是非之纪也。"《论语》也说:"君子务本,本立而道生。"同时,"道"有"通达"之义,引申为"直"又很自然。《尔雅·释诂》:"道,直也。"《诗经·小雅·大东》:"周道如砥,其直如矢。""首"与"道"在主要词义上的相同,足以证明它们不是偶然同义。

凡同源字,因其意义相近或相承,声音又相同或相似,因而时常有互相通用的现象。考察文献的用字情况,可以进一步证明二字同源。王引之的《经义述闻》在解释《左传》"疏行首"和"问盟首"的语义时①,举出了古"首"与"道"通的证明。一是《逸周书·芮良夫篇》的"予小臣良夫稽道",《群书治要》作"稽首";另一是《史记·秦始皇本纪》的"追首高明",《史记索隐》说:"会稽刻石文'首'作'道'。"根据这两条佐证,王引之认为"疏行首"即是"疏通陈列队伍之道","问盟首"即是"问盟恶臣之道"。这两处王引之都认为"首当读为道",也就是认为"首"是"道"的假借字。王引之的假借字中包括同音借用字与同源通用字两种。"首"与"道"正是同源通用字。

经过这两层证明——已有训诂的证明和文字通用的证明,再判断二字同源,就比较有把握了。

"共"和"具"。二字都在上古"见"组,"共"在"东"韵,"具"在"侯"韵,韵部对转。声音相近的条件具备了,意义的关系又是怎样的呢?

考察古代文献,可以发现二字互训的情况很多。例如:

《诗·大雅·大明》:"靖共尔位。"郑笺:"共,具也。"

《汉书·成帝纪》:"共张繇役之劳。"颜师古注:"共,

---

① 见《经义述闻》卷十八。"疏行首",《左传·成公十六年》文:"塞井夷灶陈于军中而疏行首。"杜注:"疏行首者,当陈前决开营垒为战道。"王引之认为杜预的解释不妥。"问盟首",《左传·襄公二十三年》文:"季孙召外史掌恶臣而问盟首焉。"杜注:"盟首,载书之章首。"王引之也以为"盟词简约无篇章",杜预的解释不妥。

具;张,设。"

《周礼·天官·太宰》:"祀五帝,则掌百官之誓戒与其具修。"郑玄注:"具,所当共。"

《礼记·祭统》:"官备则具备。"郑玄注:"具谓所共众物。"

《说文·三上·収部》:"具,共置也。"

"共"与"具"互训的情况,证明了它们的同源关系。

从以上两例可以看出,从文献语言材料中核证同源字,第一,要考察二字所记录的词义的引申系统,比较它们主要词义的异同[①];第二,要考察在注释书和训诂书中,二字有无互训关系;第三,要考察古代文献的异文,看它们是否有通用情况;等等。这些佐证对确定同源字都是有价值的。

再讲明假借。

假借指文字的同音借用,借字与本字之间意义没有联系。这种情况在古代文献中究竟多不多?前代训诂学家一直存在两种意见。一种意见认为,假借现象十分普遍,凡是音同之字,古人都可随意借用,所谓"乱写错别字"。另一种意见认为,纯粹的同音借用为数并不多,除去同源通用字外,纯粹的同音借用一般要遵循某些惯例,不能遇到讲不通的地方,就随意找个同音字来以"假借"解释,如果声音再放宽一些,就弄得音无不通,字无不借,词语的客观约定性便不复存在,声音也就变成"小学家杀人的刀子"。——很明显,后一

---

① 关于这一点,下面在《谈比较互证的训诂方法》一章中还要详细论述。

种意见是正确的。

乱讲假借,比之乱系同源危害更加严重。所以,讲假借就务需慎重,核证于文献语言就更为重要。下面举《诗经·邶风·静女》"爱而不见,搔首踟蹰"中的"爱"字为例。

历来传统的说法以"爱"训"隐","爱而不见"是说那位姑娘躲藏起来,看不到她,只有搔首踟蹰。现代有人反对这个讲法,以为"爱"就是"喜爱"之"爱",不必迂曲解释。但从文献语言的训诂材料考察,可以清楚地看出,"爱"训"隐",是证据确凿的。

首先,《静女》诗中《毛传》虽未出"爱,隐也"的训诂,但"爱"训"隐",《诗经》不只这一处。《大雅·烝民》"爱莫助之",《毛传》:"爱,隐也。"

其次,从文献的异文考察,可以看出,"爱",字或作"僾"、作"薆"。而"僾"、"薆"都有"隐"义。《说文·八上·人部》:"僾,仿佛也。从人爱声。《诗》曰:'僾而不见。'"("仿佛"即"隐约")《方言》:"掩、翳,薆也。"郭璞注:"谓蔽薆也。《诗》曰:'薆而不见。'音'爱'。"不但"僾"、"薆"有"隐"义,与之相通的"暧"、"篓"都有"隐"义。《说文·五上·竹部》:"篓,蔽不见也。"《玉篇》:"暧,隐也。"再从古代语言材料看,《离骚》:"众薆然而蔽之",张衡《南都赋》:"晻暧蓊蔚",《思玄赋》:"缤连翩兮纷晴暧",其中的"薆"、"暧"都作"隐微"、"隐约"讲。这样可证明"爱"确实是"僾"、"薆"或"暧"、"篓"的借字。

除此之外,还可以用文献语言的语法证明"爱而不见"即"隐而不见","爱莫助之"即"隐莫助之"是合乎当时的语言实际,讲得通的。"而"是形容词词尾,等于"然","爱而不见"就是"隐然不见"。"爱而"是"不见"的状语。"爱莫助之"的"爱"当"隐微"讲。《尔雅》:"隐,微也。"《说文》:"微,隐行也。"惠栋说:"言隐微之际,己所独制,人莫能助也。"可见这个"爱"训"隐",也是形容词,用来形容仲山甫执政行事的状况,都是合乎语法的。在训诂上常有解释不合语法因而讲不通的情况,叫作"不辞"。"不辞"就是"不象话"、"不成话"。最后这点就是证明"爱"因"薆"、"僾"而有"隐"义,是讲得通的,没有发生"不辞"的毛病。

从文献语言中核证假借字,不能只凭片面的材料,要全面看问题。例如,前面谈到《史记·陈涉世家》中的"尉剑挺","挺"是"跌"的借字,因而有"脱"义。在经典中虽然不曾找到"挺"、"跌"在文字上通用的佐证,但"挺"当"脱"讲这个假借义,却是可以证明的。如《汉书·刘屈氂传》:"戾太子为江充所谮,杀充,发兵入丞相府。屈氂挺身逃,亡其印绶。"这里的"挺身逃"即是"脱身而逃"。又如《汉书·谷永传》:"陛下弃万乘之至贵,乐家人之贱事;厌高美之尊号,好匹夫之卑字。崇聚儇轻无义小人,以为私客。数离深宫之固,挺身晨夜与群小相随。乌集杂会,饮醉吏民之家。乱服共坐,沈湎媟嫚,溷淆无别。黾勉遁乐,昼夜在路,典门户奉宿之臣卫执干戈而守空宫,公卿百僚不知陛下所在,积数年矣。"这一段话中的"挺身"也是"脱身",即脱离宫廷政治职位而与群小相随。颜师古《汉书注》于上列两文"挺身"的"挺"都训"引",不通。应训"脱"。加上前面"青"韵和"屑"韵关系的探讨，"壬"声与"失"声关系的证明，便可以确定这个假借的判定大致无误。

　　相反，有些在文献中常常构成异文的字，却并不一定是互相假借。例如"徒"与"從"，《诗经·齐风·载驱》郑笺"徒为淫乱之行"，《经典释文》："徒，一本作從。"《庄子·至乐篇》"食于道從"，《经典释文》："從，本或作徒。"《列子·天瑞篇》"食于道徒"，一本"徒"作"從"。《吕氏春秋·禁塞篇》"承從多群"，一本"從"作"徒"。《史记·仲尼弟子传》"壤駟赤，字子徒"，"郑国，字子徒"，《孔子家语·七十二弟子篇》"子徒"并作"子從"……"徒"与"從"究竟是什么关系？"徒"，"定"纽，"模"韵；"從"，"清"纽，"东"韵。如果放宽来说，也可以勉强找出它们声韵之间的关系。但是，在文献中，"從"字却没有与"徒"有关的假借义。因此，王引之以为"從"的隶书作"從"而因形似讹作"徒"①，是可信的。

　　如果说，离开了声音而单纯用绘图的眼光去猜测形义关系，会成为一种文字游戏，那么，离开了文献的语言实际而任意联系音义关系，也会变成一种声韵游戏。所以，在运用"因声求义"的训诂方法时，一定要认真核证于文献语言。对于疑难问题或有分歧的问题，还应在前人已经核证的基础上进一步求得补证或反证再下结论。只有这样，才能保证训诂实践成果的科学性、可靠性，不致产生盲目追随前人或轻率否定前人的片面性，并可避免主观臆断所造成的谬误。

----

①　见《经义述闻》卷十七。

谈"比较互证"的训诂方法

运用词义本身的内在规律,通过词与词之间意义的关系和多义词诸义项的关系对比,较其异,证其同,达到探求和判定词义的目的,这种训诂方法,可以称作"比较互证"。

"比较互证"方法的重要性

"以形索义"和"因声求义"都是通过词的形式(书面形式——字形;口头形式——语音)来探求词的内容的。但是就"以形索义"来说,词义与字形的联系并非有机,而且,即使是笔意,书写符号的构形也是较为简单而富有象征性的,形义联系存在着多种可能性。举个很简单的例子,"行",写作"艹",象十字路口,本义便被解释为道路;变作"扵",就象"彳"的正反两形相对,象人的左右腿往前迈步,本义又被解释作行走。对字形不同的理解可以产生对本义的不同解释。再比如"凡",《说文》写作"凬",解释说:"最括也。从二,二,偶也。从乃,乃,古文及。"按这个解释,"二"是偶,标志着从天到地,无所不包,"及"是至,也就是达到顶端。所以训"最括",也就是包括一切。这就是"凡是"的"凡"。可是金文、甲骨都作"冎",并说它是个侧放的盘子,"般"字就从它得声。

可见,字形比较简单,又有多方变化,如果不从实际语言中找到证据,那就可以随便猜测,如同文字游戏。再就"因声求义"说,音义结合可能有约定的偶然,也可能有历史的必然,总的说,是音少义多。究竟音义发生什么关系,需要科学的判定。比如,"凡"如果是"盘"的古字,那么,它与"凡是"的"凡"是什么关系?如果本来就是从"二"从"及"的"凡",说"般"字从它得声对不对?如果没有实际语言来证明,作为猜测的答案的范围就更大了,训诂简直会变成许多热热闹闹的灯谜。同根词之间要有相关的词义,同音词之间意义常常毫不相关,而不同音的同义词,甚至个别同音又同义的词也并非没有偶然的同义。可见,词义之间是否相关,是什么性质的相关,这直接关系到形义与音义关系的探求。如果不从实际语言出发而随意联系,一切意义皆可相关,一切同音词皆可判为同根,就可以回到比刘熙《释名》还要绝对的音义关系中去。所以,在运用"以形索义"和"因声求义"方法的时候,绝不能脱离词义本身的内在规律——包括词义的特点、存在的形式、运动的规律以及词义之间的相互关系。

在语言文字发展的过程中,词义发展是形、音变化的内在推动力。这一点表现在造字和考字两个相反的过程中。正如段玉裁所说:"圣人之制字,有义而后有音,有音而后有形。学者之考字,因形以得其音,因音以得其义。"(《广雅疏证序》)这就是说,造词、制字时是以义为出发点,而考字、释词时又是以义为落脚点。黄季刚先生说:"转注所施,随意赋形,由少趋多,自然之势。"(《说文略说》)仅仅十六个字,透彻地说明了新义的产生是新词、新字(即声与形)产生的基础。就每一个字、词产生、发展、消亡的具体历史来看,形、音、义三者是互相推动、互为因果的。但是就那一系列变化的根本原因来说,最主要的还是由于社会生活的丰富和人类思想的周密而需要语言产生新的表义单位。不论是同时发展旧词的音与义而派生的新词,还是以音、义的偶然约定完全另造新词,首先是意义发展的结果。而从文字看,不承担新义的字形只能对书面表达产生干扰,只有在新义促成的新词产生的基础上另造新形而成新字,文字才得以丰富而不是无谓的重复和烦琐。至于整个民族语音系统的变化发展和字形系统的改革演进,就其根本原因来说,也是与语义的丰富分不开的。

所以,不论就文献语言形、音、义关系的研究或是就语言整体的研究来说,对词义内在规律的关注都应当提到更重要的地位上来。"比较互证"的训诂方法,正涉及到这样一个重要的课题。

词义具有概括性与具体性统一、共通性与民族性统一的特点

在探讨"比较互证"的训诂方法所依据的原理时,首先需要弄清词义的两个特性。

第一,词义从它的存在形式、使用状况和运动规律来看,具有概括性与具体性统一的特性。

　　词义是概括的。这一点,马克思主义经典作家早有论述。列宁在《哲学笔记》里曾明确地在费尔巴哈所作的"任何词(言语)都已经是在概括"这一论断旁批注说:"感觉表明实在,思想和词表明一般的东西。"词义的概括性已是早被人们熟知和承认了的命题,而这里还需要着重说明的是,词义又是具体的。马克思主义经典作家曾多次论述了语言中同一性和差别性的辩证法。马克思和恩格斯在《自然辩证法》中说:"同一性在自身中包含着差别性,这一事实在每一个句子中都表现出来。在这里,谓语是必须和主语不同的,莲花是一种植物,玫瑰是红的:这里不论是在主语或者谓语中,总有点什么东西是谓语或主语所包括不了的。"这种包括不了的东西,即是两个词之间的差别性,也就是每个词意义的某些具体内容。列宁在《哲学笔记》里论述抽象思维时说:"不应把抽象的思维简单地看成感性材料的被抛弃,感性材料的实在性不会因抽象思维而遭受任何损失,但是,抽象着的思维却是扬弃了感性材料并把它这种简单现象归结为只在概念中显现的本质的东西。"——从这一论述中,我们更可以得出词义是概括性和具体性的辩证统一的结论。

　　一个词的概括意义,是全民族共同的抽象思维的结果,它概括了同一民族的人对同一事物的共同认识,因此,它能为这一民族中的每个成员所共同理解。但是,在这个词义的容量里,并不因抽象概括而将用来进行概括的具体内容简单抛弃。相反的,这些感知的、形象的具体材料仍然贮存在词义之中,这就是词的具体意义。概括词义与具体词义是紧密结合在一起的,是统一在同一词形之中的。

词义的具体性可以在两种情况下显现出来:

首先,它在词的使用状态中显现出来。一个具体的词一经产生,它在语言中就是以两种状态而存在的:一种是贮存状态,即,它作为语言建筑材料中的某个个体,被存放在词汇中;另一种是使用状态,即,它作为句子的具体组成成分,活动在具体人的口中或笔下。在贮存状态中的词,保留着概括性与具体性统一的全貌,具有词义的全部容量。不过,由于词的具体意义是那样纷繁众多,难以表述,所以,在词典中所表述的词义,则常是概括的。词只有在使用状态中,才充分显示它的具体性。在使用状态中的词,一方面要为听话的人所接受,因此必须以全民族都承认的概括意义为基础,但它同时显示出说话人在特定的语言环境中所指的具体对象、思想感情的特异性和其他种种与说话人的具体经验相关的形象。这正是恩格斯所说的没有"因抽象思维而遭受任何损失"的"感性材料"的体现。例如,《尔雅》的第一个词是"初",训"始也"。这就是说,"初"的概括词义,是指某一时段的开端。而《左传》的第一个词也是"初":"初,郑武公娶于申,曰武姜。"后一个"初"在《左传》中有特殊的含义。孔颖达疏说:"杜(预)以为凡倒本其事者,皆言初也。"贾逵说:"凡言初者,隔其年后有祸福将终之,乃言初也。""初"的这一含义,概括意义仍是"始",但它表示文章倒叙的这一含义和作用,唯《左传》一书具有,是具体意义。如果再加分析,还可以看出,这里的"初",实指郑武公娶武姜之时,因为郑伯克段于鄢的故事是武姜偏疼幼子造成的,所以,事情的发端应从郑武公娶武姜开始。"初"仍然具有"始"义,但内容却具体到郑武公娶妻这个独一无二的时间上去了。这就是在概括词义的基础上的具体词义。再如,《说文》第三个字是"天",训"颠也,至高无上,从一大。"这就是"苍天"的"天"。《诗经·鄘风·柏舟》:"母也天只,不谅人只。"《毛传》说:"天谓父也。"陈奂疏引《左传·桓公十五年》杜注:"妇人在室,则天父,出则天夫。"父亲是决定子女命运的至高无上者,这里呼母呼父,饱含着既畏且怨的情感,是在这个特定的诗歌语句里显现的具体词义。只有明白了这一点,才能正确解释为什么概括的词义又可以用来进行形象思维,也才能解释为什么即使说话人的表达十分准确,说话人与听话人所用的又是同一种语言,而他们之间能以互相沟通的程度,也还必须由他们生活体验的异同和深浅来决定。

传统训诂学曾经经过一个以随文解义为主要形式的阶段,因此,训诂家们对使用状态中的具体词义是有过特殊注意的。这表现在注释家们很少孤立和抽象地解释词义,而是十分注重句、段、章对词义的确定作用,注重专书、专门的作者、特定的体裁和特有的写作意图所赋予某一古代文献用词的特点和习惯。因此,许多训诂材料离开了原文有时是很难理解的。

其次,词义的具体性还在它的运动过程中显示出来。传统训诂学是以词的本义作为它的发展变化的出发点的。本义是体现在文字字形中的词的某个义项,它往往与某一具体形象相关联。例如,"齐"的本义是庄稼长得一般高,"次"的本义是帐篷,"习"的本义是鸟多次奋飞,"辍"的本义是非军事行动时临时停车修理车具,"突"的本义是狗迅猛窜出……我们从词义运动的规律中可以看出,决定词义引申方向的往往不是这个词原始的概括词义,反而是与某个概括词义相联系的那个具体形象。这个具体形象决定了词的多个义项的关联。比如,与"齐"相联系的"禾麦吐穗上平"的形象,贯穿了"齐"的各个义项:"齐"可以训"粮食",《诗经·小雅·甫田》:"以我齐明,与我牺羊,以社以方。"这里的"齐"就是"稷"(小米)。同时,"齐"又因农作物是人栽培的,而有"调配"、"约束"的意思。《周礼·天官·冢宰》:"食医掌和王之八食、八饮、八膳、百羞、百酱、八珍之齐。"这个"齐"就是今天的"调和",也就是食谱的配方(包括使用的原料及其分量)。由于古代汉民族食与医相互联系,烹饪与配药有共同之处,因此"齐"又有"剂量"之义,以后派生出"剂"字。这一系列变化,出发点都是禾麦吐穗上平这个具体形象,这正是词义的具体性、形象性在它运动中的反映。

第二,词义概括性与具体性的辩证统一关系,决定了它的另一个特性,即,词义又是共通性与民族性相统一的。

词义既有通过抽象思维高度概括的一面,它就必然有全人类共通的特点。不同民族的语言中,都可以找到大量的、互相对当的概括词义。在这些意义对当的词中,民族的区别似乎仅表现为语音形式的差别。这种共通性使各民族语言之间的翻译成为可能。但是,就在这共通性之中,词义又同时显示出极为鲜明的民族性。

词义的民族性远远超过语法和语音所表现出的民族性。这是因为词汇是语言中最直接、最具体地反映全民族共同生活的因素。词义的民族性首先表现在各民族都有自己与他民族不同的特异生活、习俗和心理状况。因此，也必然会有一部分词，它的词义在其他民族的语言里无可对当，要想恰如其分地翻译非常困难。其次，更主要的，民族性还表现在，不同民族间概括词义互相对当的两个词，它所概括进去的具体内容往往因民族而异，因而它们在运动规律上也绝不相同。例如前面所说的"齐"，就"整齐"之义来说，各民族都可找出与之对当的词，但它既有"粮食"义又有"调配"义，还能派生出"药剂"的"剂"来，这却是其他民族所不具备的。又如《说文·一上·示部》："社，地主也。"社就是土地之神。而《十二下·女部》"姐"下说："蜀谓母曰姐，淮南谓之社。"《淮南子·说山训》："社何爱速死。"高诱注也说："江淮间谓母曰社。"称土地之神（代表国土）为母亲，这在他民族虽也有雷同者，但《尔雅·释畜》"牝曰騇"，"騇"即"社"的同源后出字。将此义施之于牲畜，如同"母"与"牧"之相通，这又反映汉民族的特点了。所以，翻译虽能在一般情况下沟通两个民族的思想，但在更为广阔和深入的领域里，不同民族在语言上完全消除隔阂又是相当困难的。

词义的民族性应当给我们的启示是：发展汉语词义学，硬搬苏联或西欧的词汇学或词义学理论是不能全然解决问题的，必须在汉语自身词义的具体研究中总结出规律。

词义的这两个特性,在它的运动的基本形式——引申过程中,表现得最为明显。

词义运动的基本形式——引申

词义是词的内容,它总是依托于词形(语音与字形)不断运动着的。词义运动的基本形式是引申。

传统训诂学很早就注意了引申的问题。《大戴礼记》载虞史伯夷之言:"明,孟也;幽,幼也。"这是保存在文献正文中最早的训诂。它告诉我们,明暗之义与长幼之义相通,实际上是在讲引申。历代训诂学家注意引申问题的很多,在这方面也有很大的成就。近代学者黄季刚先生在给训诂下定义时说:"诂者,故也,即本来之谓。训者,顺也,即引申之谓。训诂者,用语言解释语言之谓。"可以看出,在他的训诂学里,引申已经成为关于词义的最主要的研究内容了。前代训诂学家在这一课题上做出的成绩是很值得我们学习、继承的。

引申是一种有规律的词义运动。词义从一点(本义)出发,沿着它的特点所决定的方向,按照各民族的习惯,不断产生新义或派生新词,从而构成有系统的义列,这就是词义引申的基本表现。

传统训诂学是把本义作为引申的出发点的。本义是"许学"(《说文》之学)关于文字字义的术语。本义就是体现在文字字形上的字义,它反映了表意文字初期的造字意图。但是它实际上不只是文字问题,而是词汇问题,因为这个字义与词义的关系是非常密切的。它与词义的联系有两种情况：

第一种情况，它本身就是在古代文献中直接被使用过的义项。如"習"，《说文》训"数飞也"，从"羽"，表明与飞有关，从"白"（即"自"，也就是鼻息），与多次运动因而呼吸急促有关，字形与本义完全切合。文献上确实用过这个意义。《礼记·月令》："鹰乃学习。"孔颖达疏说："于时（按：季夏之月）二阴既起，鹰感阴气，乃有杀心，学习抟击之事。"鹰学习抟击，与"数飞"之义恰合。再如"斐"，《说文》训"分别文也"，所以字形从"文"。《易经》："君子豹变，其文斐也。""斐"，一本作"蔚"，亦作"炳"，都是指纹路清晰、鲜明，正是《说文》所说的本义。在这种情况下，本义不但是字义，同时也就是词义。

第二种情况，它是古代文献中直接被使用过的义项的具体化。如"塵"（简化作"尘"），《说文》训"鹿行扬土也"。因为它的字形从"鹿"从"土"，所以这样解释它的本义。但是在文献里"塵"只当扬起来的尘土讲。如《左传》的"潝隘器尘"，"甚嚣且尘上矣"。《庄子》的"塵埃"、"塵垢"……都仅是尘土，却不一定是鹿行扬起的。《说文》的解释从字形出发而把尘土之义具体化了。再如"輟"，《说文》训"车小缺复合者"，"罻"是它的广义分形字，训"捕鸟覆车也"。究其本义，应是在非军事行动中，车具损坏，暂时停车修理。但在文献里"輟"字只当"停止"讲，如《论语》"耰而不輟"，《战国策·秦策》"齐王有輟志"，《礼记·曲礼》"輟朝而顾"，《庄子》"拊髀雀跃不輟"等，都训"止"、"已"，看不出"车小缺"这个具体原因来。字义说解因"輟"从"车"、"罻"从"网"，将它具体化了。在这种情况下,字义与词义虽然不是全然相同,但词义却是在字义的基础上除去那些形象的具体因素而有了更强的概括性。

但是,与反映在文字上的本义相联系的那个具体事物,却是不可忽视的。在观察词义运动规律时,这些形象远比词的概括的抽象意义更为重要,因为往往就是它决定了词义的特点和引申的方向。例如"辍"与"车小缺"有关,"小缺"则复合快,复合后仍可继续使用,所以"辍"当"停"讲,总带有短暂的意思,是暂时中断,不是永远停止。《史记·陈涉世家》"辍耕之垄上",即指耕作中途的休息。明代陶宗仪写《辍耕录》,序说作者"避兵三吴间,时时辍耕,休于树阴,遇有肯綮,摘叶书之,盖十载而后成书","辍"也是暂时休耕的意思。又如"次",《说文》训"不精不前也"。从它的重文"𠧨"字可以看出本义是帐篷。《周礼·天官》有"掌次"之官,专门负责郊祀或狩猎时扎帐篷。帐篷是临时扎的,与宫殿比较,自然"不精",草屋的"茨"从此。扎帐篷意味着停止前进,所以"次"有"不前"义。"次"也训"止",专用来表示军队行军过程中的临时扎营。这些意义的特点以及反映在"次"这个词上的多种意义的相关,都与帐篷这个具体形象分不开。所以,不论是整理多义词的引申系列,还是探求同根词的意义关系,准确找到本义是十分重要的。传统训诂学研究引申的第一项工作就是探求本义这个词义引申的起点,或出发点。

本义的特点决定了引申的方向。传统训诂学研究引申的第二项工作是沿着引申的一个或数个方向,整理引申的系列(简称义列)。在引申系列中,应当包括两种引申的结果:其一,是依托于同一词形的多义词的各个义项。这些义项因为从同一出发点出发而互有联系,在引申系列中各占有适当的位置。其二,是同根的派生词。词义在引申过程中由于中途派生了新词或孳乳了新字,改换了词形,表面上造成了引申系列的中断,但它们仍是这个引申系列中的成分,只要把同根的词系联进去,中断了的引申系列又可以延续了。所以,引申系列中实际上应包括多义词的各义项和同根词的诸词义这两种不同形式的引申结果。举两个例子:

《说文·十三上·糸部》:"经,织也。""纬,织横丝也。"可知"经"的本义是织机上的纵线。纵线是织机上的主线,它决定织物的宽度、长度,并且控制纬线(横线)的运动。所以《文心雕龙·情采》说:"经正而后纬成。"这是它的第一个特点。沿着这个特点所决定的方向,引申出下面的意思:一方面古代道路以南北为经,东西为纬。因为中国的地形江河都是东西流,沟渠以东西为主干,则道路以南北为主干,东西为分支。主干是经,分支是纬。中医把人体气血运行通路的主干叫"经",如"经络"、"经脉"。另一方面又因此产生制约、管理的意思。织机上的纵线是相对固定的,纬线随着梭子来回运动。这是它的第二个特点。沿着这个特点决定的方向又引申出一批词义:在中国古代哲学思想上,"经"又有"常规"的意思。与它相对的"权"则当"变通"讲。柳宗元《断刑论》:"经也者,常也;权也者,达经也。"从而统治阶级看来是千古不变的、统帅一切的思想准则和信条也叫"经"。如"经

典"之"经"。这就是"经"这个多义词的双向引申系列,可以用下表表现:

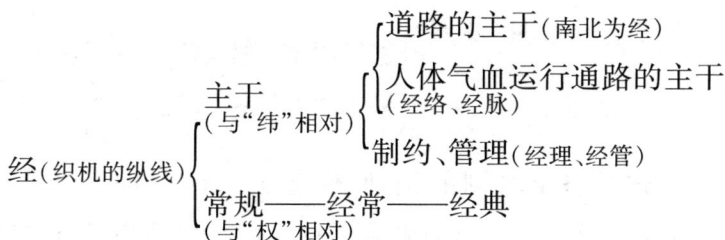

$$
经（织机的纵线）\begin{cases}
主干（与"纬"相对）\begin{cases}
道路的主干（南北为经）\\
人体气血运行通路的主干（经络、经脉）\\
制约、管理（经理、经管）
\end{cases}\\
常规——经常——经典（与"权"相对）
\end{cases}
$$

《说文·八上·人部》:"偶,桐人也。"即是"俑",一种仿人形制作的木偶。木偶有三个特点:一是它与真人双双相似,所以"偶"有"双"义,如"奇偶"的"偶"、"配偶"的"偶"均此义。由"双"义引申为相交、相合之义。这个意义在"偶"这个词形上中断了,但查它的同源字可以将它续接。"耦"两人合力耕田;"隅",两墙相交之处;"遇",双方相知相逢("知遇之恩"即相知,"不期而遇"即相逢)。这是第一条引申线索。二是木偶是寄真人之相于假人的。它的形状不是自身固有,而是他物之形的附着,所以又有"寄托"的意思。它的同源字"寓"即是寄。由寄托而有"偶然"义,词形仍作"偶"。三,木偶是无知的,没有灵性的,所以又引申为痴笨义,"愚"也是它的同源字。"愚"是迟钝,相反的意义即是感觉强烈。"偶"训"忧极",正是它的反义同源字。——将多义词的义项和同源词合并起来,可以整理出"偶"的三向引申系列。它远比"经"依托在同一词形下的引申系列要复杂得多:

$$
\text{"偶"} — 木俑(木偶)
\begin{cases}
成双的
\begin{cases}
(奇偶)\\
(配偶)
\end{cases}
— 相交相合
\begin{cases}
\text{"耦"}\\
\text{"隅"}\\
\text{"遇"}
\end{cases}\\
\\
寄托:\text{"寓"}(寄寓)——偶然\\
\\
呆笨:\text{"愚"}——忧极:\text{"惆"}
\end{cases}
$$

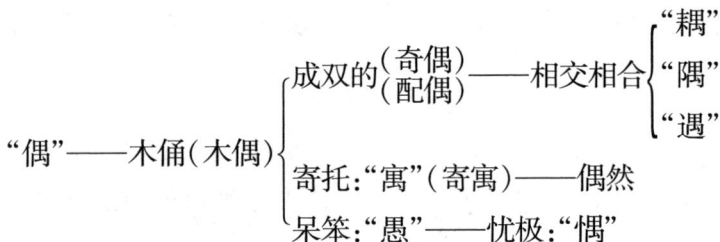

　　训诂对引申系列的整理,仅着眼于已有词义的平面系联,不着眼于词义引申的先后历史。因为新词新义的产生直到它在使用中为全民族固定下来的过程是错综复杂的,在资料缺乏、口语消亡的情况下,词义发展历史的探求十分困难,有些几乎是不可能的。

词义引申是一种有规律的运动

　　词义引申是有规律的,各民族的规律不尽相同,这里试就古代汉语词义的引申规律作一些尝试性的归纳。

　　词义引申就其个别阶段来说,是由一个义项延伸出另一个与之有关的新义项。引申规律,就是指互相延伸的甲乙两项彼此相关的规律。"相关"是一个十分广义的说法,实际上,"相关"的情况非常复杂纷繁,并且体现出强烈的民族性。在引申路线中所显示出的"相关",表现出各民族自身的习惯。在不同的民族中,即使是概括词义完全对当的两个词,它们的引申路线也很少是完全重合的。因为运用两种语言的人见到、听到、接触到的具体事物并不完全一样,不同民族

的人观察事物的方法、心理也是不同的,因而,他们捕捉到的
事物特点也必然有不同程度的差异。所以,各民族语言都有
自己相关的规律。归纳引申规律,必须从具体的民族语言的
材料入手,而不能只靠简单的逻辑推论。

前代训诂家是以解释古代文献语言为自己的出发点的,
所以能把自己的工作深深植根于丰富的古代书面汉语的材
料中。因此,他们所注意到的引申规律往往能切合汉民族语
言的实际,反映汉民族语言的特点。可惜专门的系统的阐述
引申规律的专书尚不多见。在这里,我们仅从传统训诂学的
具体材料中,试着归纳一些古代书面汉语词义引申的规律。

古代书面汉语词义的引申大体可分三种类型:

第一种类型:理性的引申

这种类型是指词义之间因本民族共同的理性认识而发
生联系,从而产生引申。这些理性的认识常常反映出客观上
的相对运动,因此,又常常与某种哲学上的相因关系一致。
因与果、时与空、动与静、施与受、反与正、虚与实……都是相
因相关的,因此可以互相引申。

1.因果的引申

《说文·四下·角部》:"解,判也。""解"的本义是分解动
物的肢体。《庄子·养生主》:"庖丁为文惠君解牛。"概括为凡
分解之义。分解,就必然松懈,"懈"是"解"的孳乳字。分解还
产生另一个结果,就是舒脱。《说文·九上·卪部》:"卸,舍车
解马也。"这个"解"就是马离开车辕而得到舒脱。从"分解"到

"松懈"、"舒脱",这正是因果的引申。以"習"字说,从"学习"义引申为"熟習"义,也是因果的引申。多次奋飞即是因,动作熟练即是果。

2.时空的引申

在古代汉语里,时间与空间的概念总是密切相关的。比如"间",本义是缝隙,它的形象是两物之间的空间狭窄,所以有"间隔"、"间距"的意思。同时,时间的短暂也叫"间",如"间歇"、"有间"、"间暇"等。再如"所",在上古汉语里当"处所"讲是它的常用义。以《左传》为例,《襄公三十一年》:"车马有所",杜注:"有所处。"指车马有地方安置。《昭公三十二年》:"书曰,公薨于乾侯,言失其所也。"杜注:"不薨路寝为失所。"指死得不是地方。《定公五年》:"'余受其戈,其所犹在。'袒而视之背……""其所"即受伤的地方。《襄公二十年》:"武子去所曰:'臣不堪也。'"杜注:"去所,辟席。"指坐的地方。……这些都是指空间,又引申指时间。《襄公二十五年》:"郑先宋,不失所也。"杜注:"如期至。"意思是没有失掉应到的时间。其他文献里"所"当时间讲的也不少。《公羊传·成公十七年》:"九月非所用郊也。"注:"周之九月,夏之七月,天气上升,地气下降,又非郊时,故加用之。"可见"非所"就等于"不是时候"。

时空的关系在运动中往往反映为速度(单位时间内的空间距离)和频率(单位时间内的动作次数)、密度(固定空间中物质的多少)等方面的相通。如"骤",本义是马跑得快,引申为凡快速之义,如《老子》:"骤雨不终日。"但同时又有"屡次"、"多次"（频率高）的意思。《左传·宣公二年》"宣子骤谏"，"骤谏"即是多次进谏。段玉裁在《说文解字注》"骤"下说："今曰'骤'为疾暴之词，古则为屡然之词。凡《左传》《国语》言'骤'者，皆与'屡'同义。……《左传》言'骤'，《诗》《书》言'屡'，《论语》言'屡'亦言'亟'，其意一也。"这个说法正是反映了速度与频率之间的相互引申关系。又如"切"，本有频率高、快速的意思。《说文·八上·尸部》："屑，动作切切也。"是指抖动后引起高频率的振动。但"切"同时又有距离小、离得近的意思。"亲切"、"密切"、"切近"、"切合"义皆由此。"数"由"数目"义引申为"多次"、"屡次"义，读 shuò。《史记·项羽本纪》"范增数目项王"，"数"义为多次，这是时间上的。而它同时又有空间上的意义，就是密度大。《孟子·梁惠王》"数罟不入洿池"，柳宗元《小石城山记》："其疏数偃仰，类智者所设施也。""数"音读 cù。有人以为是"促"的借字。由时空引申的规律看，并非假借，乃是引申。

3.动静的引申

这是一种古代书面汉语里能量极大的引申。由于词汇意义与语法意义之间存在着虽不完全但却近似整齐的对当关系，因此，这种引申在语法上引起了古汉语动静词互用的规则。黄季刚先生在《声韵通例》里说："古者，名词与动词，动静相因，所从言之异耳。段君注《说文》，每加'所以'字，乃别名词于动、静词，其实可不必也。即如'跨'、'胯'二音，其初固同，其后乃分为二。自跨之物言之，则曰'胯'；自跨之事言之，则曰'跨'。《公羊传》曰：'入其门，无人门焉'；上'门'

举其物,下'门'举其事,而二义无二文。此可证'跨'、'胯'之本同矣。'胯',苦故切,读平声,则与'跨'之本音同。"他的这段话说明,动与静本寓于一词,这是引申的第一种结果——多义;后来又可以派生新词新字,这是引申的第二种结果——同源。

古代书面汉语里这种例子很多。除去一般名词、形容词都可动用以外,明显表现在词义上的,例如"天",本义是头顶,这是人体的一个部分,是静态。而削去额顶的刑法也叫"天"。《周易·睽卦》:"其人天且劓。"马融注"黥凿其额曰天",这是动态。又如"封",本义是用手培土种植草木。《左传·昭公二年》:"既享,宴于季氏,有嘉树焉。宣子誉之。武子曰:'宿敢不封殖此树以无忘角弓。'"这是动态。因为边界地方都要培土为界,所以引申为疆界义。如《左传·僖公三十年》:"又欲肆其西封。"《史记·商君列传》:"开阡陌封疆。"这个名词的"封"又派生出另一个名词"邦"来。这是由动到静的引申。

这种引申规律后代一直是能产的。"貌",《说文》正篆作"皃,颂仪也,从人,白象人面形"。即是面貌的意思。但唐诗中许多地方当"描画"讲。如杜甫诗"曾貌先帝照夜白"、"画工如山貌不同"、"貌得山僧及童子";韩愈诗"不得画师来貌取"。也有写作"邈"的,如敦煌变文《汉将王陵变》"邈其夫人灵在金牌之上";辛弃疾词"山色虽言如画,想画时难邈"。这是由静向动引申,从而派生出"描"字。"苗"、"皃"古同音通用。《说文·十三上·糸部》:"缈,旄丝也,从糸苗声。《周书》曰:'惟緢有稽。'"今本《书·吕刑》作"惟貌有稽"。可进一步证明"緢"与"貌"正是动静同源。

4.施受的引申

古代书面汉语中存在着施受同词的现象。即:发出动作与接受动作往往用同词表示,动作的发出者与动作的接受者也往往互相关联。例如,"乞"常训"讨"、"求",同时又训"施"。《说文·七上·米部》"氣,馈客芻米也。从米气声。《春秋传》曰:'齐人来氣诸侯。'"这个"氣"即是"乞",当"施"讲。《汉书·朱买臣传》"上计吏卒更乞丐之"、"居一月妻自经死,买臣乞以其夫钱另葬之","乞"都是"施"。而"讨"、"求"与"施"、"乞"正表现了施与受同词互相引申的关系。又如"禦",常用义是"防禦"、"抵禦",通过反正的引申,而有"强禦"、"暴禦"的意思。《孟子·万章下》:"今有禦人于国门之外者。"赵注:"禦人,以兵禦人而夺之货。"《尚书·牧誓》:"弗禦克奔。"郑注:"禦,强禦,谓强暴也。克,杀也,不得暴杀纣师之奔走者。"赵岐说:"古者扞人以兵曰禦,以兵伤人亦曰禦也。"也正是施受引申的结果。其他诸如"享"与"献"、"奉"与"付"、"受"与"授"、"至"与"致"皆同源……都是施受引申而后分化的结果。

5.反正的引申

在汉族早期的哲学思想里,相反相成的理性认识就很普遍。训诂上也很早就发现了一种词义互训的规律,叫作相反为训,也称反训。反训表现为两种情况:一种是反义词互训,如"乱,治也"、"落,始也"。另一种是同一个词可以用一对反义词来分别训释。如《广雅·释诂》既有"藐,广也"的训释,又有"藐,小也"的训释。这两种训释都表明,相反或相对立的两个意义,可以在同一个词形上互相引申出来。这种例子很多:如"特",既有"独特"——即"无偶"、"无双"、"杰出"的意思,如《诗经·秦风·黄鸟》:"唯此奄息,百夫之特。"同时又有"配偶"——即"成双"之义,如《诗经·鄘风·柏舟》:"髧彼两髦,实维我特。"又如《广雅·释诂》:"面,向也。""偭,俷也。"《楚辞·离骚》"偭规矩而改错",《汉书·贾谊传》"偭蟂獭以隐处兮",王逸、应劭注并云:"偭,背也。"其实这个"偭"就是"面"的同源后出字。《汉书·项籍传》"马童面之",颜师古注:"面,谓背之不面向也。"王念孙根据这一点来驳斥《左传》杜预注。他认为《僖公五年》"许男面缚衔璧",杜注"但见其面"是错误的。"面缚"即"偭缚",也就是将两手缚于背后。其实这不过是反映"面"有两种相反的解释,可以由"面向"引申为"背向"罢了。

对相反为训的解释首见《尔雅》郭璞注。《尔雅·释诂》:"徂、在,存也。"郭注:"以徂为存,犹以乱为治、以曩为曏、以故为今,此皆诂训义有反复旁通,美恶不嫌同名。"黄季刚先生在他未发表的《尔雅音训》里,也在"徂、在,存也"这一条下补充郭注说:"《尔雅》哉始在终,落始落死,繇忧繇喜,育长育稚,鞠盈鞠穷,念思勿念勿忘,茅明,皆是此例。"这个补充是很重要的。"美恶不嫌同名"尚不足以说明相反为训的现象。相反为训是由反正的引申造成的,它反映了古人对事物发展过程的一种哲理性的认识。以"落"为例。《说文·一下·艸部》"木曰落",木由发枝、生蘖、开花、成实到熟落,为生长过程的终了,所以"落"有"终"义、"成"义。但事物的发展是螺旋式上升的,前一过程的终结即是后一过程的开始,始与终是相依的。建筑物竣工叫"落成",取"终"义,但《左传·昭公七年》:"楚子成章华之台,愿与诸侯落之。"这个"落"又取"始"义,如同《国语·楚语》:"伍举对灵王曰:'今君为此台,愿得诸侯与始升焉。'"竣工是修建之终,也就是登临之始。同样的道理,"杳,冥也","杲,明也",二字同在"萧"韵,同源,说明它们也是互相引申的。日在木下是晚上,所以训"冥",日在木上是上午,所以训"明"。白天与晚上相依,明与暗轮回,它们相反,却相成。其他诸如"钝"和"锐"、"轻"和"重"、"椎"和"锥"、"生"和"死"……都是反义而同源,都是反正引申又分化的结果。

6.实虚的引申

词义中常有从具体到抽象的变化。有些是因为词的应用范围逐渐扩大,外延的增大影响到内涵的缩小。也有些是因为实义被磨损,引起了词的虚化。这种引申常使动词、形容词变为介词、连词、副词,或者使名词变为代词。例如"及",《说文·三下·又部》:"及,逮也,从又从人。"徐锴说:"及前人也。"它的本义是"追赶上",引申为"达到某个处所"。如《左传·僖公三十三年》:"及诸河,则在舟中矣。""及"的词义非常具体,但在使用过程中,"及"的用法逐渐扩大,不只用在处所这个具体的意义上。《左传·隐公元年》"无庸,将自及",指"及于祸"——达到某种境遇。《战国策·

赵策》：“愿及未填沟壑而托之。”指趁着某个时间。《左传·僖公二十二年》：“伤未及死，如何勿重。”指达到某种程度。《论语·公冶长》：“非尔所及也。”指达到某种道德、品质、思想境界的高度……随着所及的对象由具体到抽象，“及”的实义也逐渐变弱，最后成为介词“及”和连词“及”。

王引之在《经传释词·自序》里说：“自汉以来，说经者宗尚雅训，凡实义所在，既明著之矣，而语词之例，则略而不究；或即以实义释之，遂使其文扞格，而意不明。”他认为不能直接以实义来释虚词，这是对的。但是他只说其一，未说其二。实际上，古汉语中很多虚词是实词虚化而来，这种虚化是通过实词的引申而达到的。所以，研究某些虚词的作用，有时不得不从它虚化之前的实义入手。例如，《经传释词》卷五中“固”、“故”、“顾”这三个虚词，因为声音相同，经常通用。但它们在虚化之前，彼此的实义是差别很大的。“固”的本义是“封闭”（《说文·六下·囗部》：“固，四塞也。”），引申为“坚固”。由“坚固”义虚化为副词，才有了“一定”、“必然”的肯定语气。“故”由“古”而有“故旧”义（章太炎先生谓“故”为古“僱”字），并由此虚化为因果复句的连词，相当于“所以”，表其故常。《说文·九上·页部》：“顾，还视也。”如《孟子》：“王顾左右而言他。”还视才可及后，所以“顾”又有“回头看”、“转向后”的意思。如《离骚》：“瞻前而顾后。”由这个实义虚化为转折连词，相当于“但是”。三字推其诂训，区别是很清楚的。对于这类虚词，探求其虚化的过程，也就是研究他们实虚引申的路线，是一项极为重要的工作。

第二种类型:状所的引申

《荀子·正名篇》在谈到"制名之枢要"时说:"物有同状而异所者,有异状而同所者。""状"指物体的性状,"所"即处所,也就是每一事物的本体。"状"与"所"不但是"制名之枢要",而且是与引申规律极为有关的两个概念。词义往往因为状同或所同而互相关联,从而产生引申。

状所的引申与理性的引申不同。它不是反映事物之间观念上或变化过程中的相关,而是反映事物之间外在的相联或相似。这种引申大约有三种情况:

1.同状的引申

两种事物本质不同,形状、性质、用途、特征相似,可以引申,即可以同词或同根。

（1）同形

例如,"互"的本义是绞绳的工具,形状象抖的空竹（Ⅱ）,挂肉的架子形状与它相似,所以也叫"互"。《周礼》"牛牲之互",注:"悬肉格也。""鍪",既是"鍑属"（锅）,又当"盔"讲（兜鍪）,是因为锅与盔形状相同。"瓢"与"勺"一大一小,形状相同,二字同源。章太炎先生在《文始》里将"荚"（渔人夹鱼的器物）、"箝"（夹箭的器物）、"籥"（即箝,后引申为燕子的嘴）、"翘"（古代笛子的吹嘴儿,与燕子的嘴同形）、"敖"（蟹箝的假借字）,都定为同源字,有人讥其"联系太广",其实,他正是根据同形可以互相引申的规律而言的。

（2）同态

例如,劈柴叫"斯",也作"廝"、"厮",瓮破称"甎",声音散裂叫"嘶",流冰称"澌",后来把东西扯裂叫"撕"。这些词都同根,却是由于它们破裂的状态一致而引申的。

(3)同用

例如,划船叫"鍒",后作"劃",犁地叫"铧",二字同源。因划船破浪而行,犁地破土而进,其用一也。又如,《说文·十四上·金部》:"铣,金之泽也。"意思是把铜器擦亮,去其污锈。"洗"是刷洗去垢,两义因同用而相通。

同状的引申时常生出一般所谓的比喻义。有人把比喻义与引申义并列而言,是不妥的。比喻义的产生实际根源于同状的引申。两物或外形相同,或情态、用途、特征相似,便可以甲喻乙。因比喻而相关,便产生引申关系。试举树木的各部分为例。"本",本义是树木的根。如《国语·晋语》:"伐木不自其本,必复生。"人们常用树木的根来比喻事物的基础、发源和决定一切的重要部分。所以"本"从根本、本质、本源等意义。《论语·学而》"君子务本,本立而道生"即此义。"末",本义是树木的梢头。如《左传·昭公十一年》:"末大必折。"人们常用树的梢头比喻轻微、不足道、被别人所决定的东西,所以"末"有细末、末微的意思。《荀子·议兵》:"今女不求之本而索之于末,此世之所以乱也。""枝",本义是树木主干之外旁生的枝条。《汉书·晁错传》:"枝叶茂接。"人们常以之比喻事物主干之外另生的干扰或者由主干分出的东西。所以"枝"又有枝节、支属、分支等意义。《荀子·儒效》:"故以枝代主而非越也。"《史记·始皇本纪》:"率其支属迁居野王。""果",本义是树木的果实,人们常用来比喻事物最后的所得和结局,所以有成果、结果等义。这些都是因为比喻而得义的。

2.同所的引申

在同一事物身上,具有多种不同的性状,这些性状因为同时在一个事物中出现而发生联系,便能互相引申。而这些性状与它所存在的事物之间也有必然的关联,也可以互相引申。

第一种情况,是在同一事物中,不同性状的联系。如"横",《说文·六上·木部》:"横,阑木也。"段注:"阑,门遮也。"古"横"多写作"衡"。《诗经·陈风》传:"衡门,横木为门也。"《周礼·考工记》:"衡四寸。"可见"横"的本义是拴门的插关。统一在这个事物上发展出两个意义:一是纵横义,因为门插关是横置的;另一义是阻挡、蛮横,如《孟子》:"待我以横逆。"《汉书·吴王濞传》:"吴王日益横。"因为门插关是挡住门不让开的,所以有此义。这两个意义都在"门插关"上相联系,同所而引申。又如"阶",《说文》训"陛也",是台阶。台阶也有两种特点:一是一层层地高上去,所以有"等级"之义;另一是登堂必由之路,所以有"通道"的意义,《易·系辞》:"乱之所生也,则言语以为阶。"《诗·大雅·瞻卬》:"妇有长舌,维厉之阶。""阶"都当"通道"讲。这个意义由静至动,可以发展出"导致"、"沿着"的意思。《左传·隐公三年》"阶之为祸",《成公十六年》"多怨而阶乱",都当"导致"讲。"等级"与"通道"、"导致"也是因同所而相关。

第二种情况,是性状与其所存在的事物之间的联系。如"方"是"併船",也就是两个船连在一起。《尔雅·释水》:"大夫方舟。"郭注:"併两船。"因这种船的形象而发展出"比方",派生出"相仿"的"仿"字,正是事物与其性状之间的引申。又如"钢",是一种质地坚硬而不易折断的金属,所以能发展出"刚强"之义。车辅的"辅"是停车时防止车倾倒的,所以有"辅助"之义。……这些都属同所的引申。

3.同感的引申

在状、所的引申中,还有一种比较特殊的情况,就是在人的心理活动中产生相关的意义。它也有两种情况:

第一种情况,是不同感知器官所产生的感觉有近似之处,因而相关。比如,人对时间迫近的感觉是"急",而触觉对迫近自己压力的感觉是"紧"。"急"与"紧"相通。又如,痛觉带来的肉体的疼痛、味觉带来的酸的味道,与心情的悲苦有相似之处。所以"痛"有"疼痛"与"痛苦"两义,"酸"有"酸味"和"心酸"两义。

第二种情况是多种感觉常常相应而生,因而表示这些感觉的词便因引申而多义或相通。如,安静,随之而来的感觉便是冷清。而纷乱却使人感到燥热。所以"清"有"冷"义,《庄子·人间世》:"爨无欲清之人。"《经典释文》:"清,凉。"而"热"有"闹"义。

任何一个民族,都有自己共同的生活与因之而产生的共同心理。人们对同一事物的观察理解往往不同,常见的事物本身也有差异,所以,状所的引申便不能不带有本民族的一些特点。例如"纵横"义与"门插关"相联,"比方"之义与船有关,划船与犁地有关,……便与汉族的特殊生活分不开。

第三种类型:礼俗的引申

这种类型是由于汉民族古代礼制和习俗上的原因,由于特殊的经济、政治、文化生活,使某些词的意义之间发生了联系,因而可以引申。例如,"禄"义来源于"鹿",二词古代相通,都有"福禄"、"吉庆"的意义。"鹿"与"录"声音相同,在构成形声字时还经常互换,构成异体字。《说文》中"箓"是"籙"的重文、"漉"是"渌"的重文、"禁"是"麓"的重文可证。这是因为,古代以鹿皮作为吉礼的礼物。《说文·十上·鹿部》"麗"下说:"礼麗皮纳聘,盖鹿皮也。"《十下·心部》"慶"下又说:"吉礼以鹿皮为赘,故从鹿省。"《诗·召南·野有死麕》:"野有死麕,白茅包之。有女怀春,吉士诱之。"用白茅包裹死鹿来向女子求爱。正是这种习俗,使"鹿"引申出吉庆、福禄之义而分化派生出"禄"。又如,古汉语中,兽足义与分辨义相通。所以"审"、"悉"、"释"都从"采"("番")。这是由于"采"是兽足,古代的人们常要靠着兽的脚印来辨别食兽或凶兽,以便决定是迎而获之,还是避而远之。许慎《说文解字叙》说:"黄帝之史仓颉,见鸟兽蹄迒之迹,知分理之可相别异也,初造书契。"可见鸟兽的脚印与分辨这两件事的关系多么密切。

因礼俗而产生的引申有时很出人意料,而且又是与其他民族很难雷同的,如"祭"字,《说文·一上·示部》:"祭,祭祀也,从示以手持肉。"其实,这已经是"祭"的引申义了。"祭"的本义是"残杀"。《大戴礼记·夏小正》《礼记·月令》都有"獭祭鱼"、"豺祭兽"。这个"祭"就是"残杀"。甲骨"祭"字作 𣲖、𣲗、𣲘、𣲙,象以手持肉。∴等点形象血滴。"祭祀"与"残杀"之义相通,是因为古代祭宗庙时有鼎俎。《左传·庄公六年》记载楚国将灭邓国之事。三甥劝邓侯杀掉楚文王,邓侯不允,说:"人将不食吾馀。"三甥说:"若不从三臣,抑社稷实不血食,而君焉取馀?""血食"就是祭祖先之礼。《春秋·桓公八年》注:"无牲而祭曰荐,荐而加牲曰祭。"可见祭祖是杀牲的。"祭祀"与"残杀"之义因此而相通。由此即可理解由"祭"派生出的"蔡"字也有"杀"义。《左传·昭公元年》:"周公杀管叔而蔡蔡叔。""蔡"也是"杀"。同样,由"祭"派生出的"㡛"字训"残帛",有"残"义。这种相关即是随着祭祖的礼俗而有的。

某两个词义之间的联系,一般属于上述三种类型中的一种。一个词的引申系列,并不单纯只包括一种类型,往往是多种情况的错综表现。归纳和总结词义引申规律,对探求和判定古代汉语词义,有非常重要的作用:首先,一个词是否具有这个词义,必须得到文献语言的核证。但根据上下文来判定词义,绝不是光凭主观臆测,只要自己讲通了就行。必须上溯本义,左右联系引申和同源,求得合乎规律的解释。也就是说,判定一个词是否可能有这个义项时,必须把汉民族词义引申的规律作为依据。其次,古代书面汉语中单义词很少,大多是多义词。理解一个词义,孤立的理解是不能准确的,必须把这个义项放到引申系列中去,找到它在引申系列中的位置,才能见其特点,从而对文意的理解才能准确、细致。第三,在整理多义词的各个义项时,更要重视引申规律,注意义项之间的联系,以免烦琐、紊乱和发生错误。所以,这一工作是运用"比较互证"方法时的一项最重要的工作。

在引申系列中观察比较词义的异同

所谓"比较互证",即是指比较其异,证明其同。也就是说,相异才能比较,相同才能互证。

词与词之间意义的关系不可随意判定,必须从它的运动全貌来看,也就是要在整个的引申系列中观察比较它们的异同。经过比较可以看出,从意义关系看,词与词可有两大类关系:第一类是相承关系,也就是两个词在同一引申系列中的不同位置上。前面所说的"偶"、"耦"、"遇"、"隅"……即属此。具有这种关系的词,必然同根。第二类是相重关系,也就是两个词不在同一引申系列中,但它们却有数量不同的相同或相近的义项。具有这种关系的词,一般都称"同义词"。但情况却比较复杂,实际上存在着三种不同的情况:

(一)多义词的某义项相同,也就是说,在两个词的引申系列中,只有"点"的重合。比如"潜"有"秘密"、"暗中"之义。《左传·僖公三十二年》:"郑人使我掌其北门之管,若潜师以来,国可得也。"《左传·哀公六年》"潜师闭途",杜预注:"潜师,密发也。"《国语·吴语》"越王乃令其中军衔枚潜涉",韦昭注:"潜,默也。"也就是不出声的秘密行军。"间"也有"秘密"、"暗中"的意义。《史记·陈涉世家》:"又间令吴广之次所旁丛祠中。"《三国志·武帝纪》:"太祖乃变易姓名,间行东归。"这两个"间"都当"秘密"、"暗中"讲。在这一点上,"潜"与"间"的词义是相同的。但是将这两个词放在它们各自的引申系列中去观察,就可以看出,"潜"的本义是没水而涉,词义向两个方向引申:一条线索引申为"深"、"测"等,都与水底下这个特点有关;另一条线索引申为"伏"、"隐"、"藏"等,都与沉没不见这个特点有关。"秘密"、"暗中"之义即是从后一条线索上发展出来的。而"间"的本义是缝隙。它引申为"间隔"、"隔阂"、"中间"等义,表示空间的距离。由"间隔"义进一步引申为"须臾"、"等候"、"闲暇"、"断断续续"等义,都表示时间的间隔。"中间"义引申为"参与"、"羼入"等义。"秘密"、"暗中"义即是由"间隔"的意义发展来的。比较两个系列可以看出,两词的这一义项的相同在引申系列中仅只是一点的重合,带有偶然性。它们在这一点上的概括意义虽然相同,具体意义却各有侧重。"潜"着重在隐藏自己,如同潜伏水下。"间"着重在隔开众人,如置身于屏障当中。再如,"苏"与"解"都有"舒缓"、"放松"的意义。《方言》:"悦、舒,苏也。"《盐铁论》:"大夫色少宽,面文学而苏也。"这个"苏"就是"宽缓"。《礼记·曲礼》"解屦不敢当阶",疏曰:"解,脱也。"《说文·九上·卪部》:"卸,舍车解马也。"这个"解"也是使马从车辕上松脱下来。就这一义项来说,"苏"和"解"同义。但比较它们的引申系列就可以看出,

"苏"是一种药草,即桂荏,有顺气活血的作用,所以引申出"舒缓"之义;同时它有"顺"义,又有"牾"义,还可引申出死而复生之义。而"解"的本义是分离动物的肢体,由此引申为"松散"义。它同时又可引申为"散落"、"分割"、"离开"、"解释"等义,方向与"苏"完全不同。这就可见"苏"与"解"就整个引申系列来看,也是只有一点是重合的,是从不同出发点和方向引申的偶然相合。再比较这个相同的义项又可以看出,"苏"的"舒缓"、"放松"义主要是指心情、感情,而"解"则主要指实物。

(二)多义词的某几个相邻的义项相同,也就是说,在两个词的引申系列中,不仅有"点"的重合,还有"段"的重合。比如,比较"数"、"切"、"骤"、"亟"四个词,可以看出这种"段"的重合。"数"有"屡次"之义,《汉书·汲黯传》"上常赐告者数",注:"数者,非一也。"次数多即是频率高,从而与疾速之义相通,所以"数"又有"快"义。《穀梁传·庄公十九年》:"其不日,数渝,恶之也。"疏曰:"数,疾也,谓秋共盟冬而见伐,变盟之疾,故不书日以恶之也。"时间的速与缓和远与近也相通。所以,《穀梁传·隐公九年》:"庚辰,大雨雪,志疏数也。"这里"数"是时间离现在近。时间的快速与空间的稠密往往相通,所以"数"又有"密"的意思。《孟子》"数罟不入洿池","数罟"就是密网。柳宗元《小石城山记》:"其疏数偃仰,类智者所设施也。"这里仍以"数"与"疏"相对而言,不过已不是指时间而指空间了。而"切"有空间距离短的意思,即"贴近"、"接近"之义。《荀子·劝学》"诗书故而不切",指与现实不接近。空间距离短引申为时间短、频率高。《说文·八上·尸部》："屑，动作切切也。""切切"是动作快，也就是每次动作时间短。时间短又可引申为"急迫"，如辛弃疾《贺新郎》："杜鹃声切。""亟"有"急迫"、"赶快"的意思，《诗经·豳风·七月》："亟其乘屋。""亟"是"及时"，引申为"屡次"、"多次"之义，即频率高。如《左传·隐公元年》"亟请于武公"，《僖公十九年》"亟城而弗处"，《庄公二十七年》"亟战将饥"等，都当"多次"讲。"骤"有"疾速"之义。《周礼·大司马》"车骤徒趋"，《楚辞·招魂》"步及骤处兮"中的"骤"都是"走得快"。而"骤"同时又有"屡次"的意思，如《左传·文公十四年》"公子商人骤施于国"，《宣公三年》"宣子骤谏"。"屡次"是"频率高"，又引申为"急"，如《老子》"骤雨不终日"，柳永词"骤雨初歇"。比较这几个词在这一段中的引申系列可以看出彼此的相合。但是，如果从整个的引申系列比较，则又可看出，它们的词义只在这一段是重合的，而别的方面相距甚远。"数"是由"计"义发展为"多数"义，再向下引申，它的引申义多与"计"义有关。《左传·襄公十八年》"以枚数阖"，《襄公二十五年》"数俘而出"，都相当于今天的动词"数"（所主反，读 shǔ），也就是计量，由此发展出"检阅"的意思。《左传·襄公二十五年》"数甲兵"，杜注："阅数也"，也就是一一过目。再看它往下发展的义列：因"计"义而有"历数罪责"之义，《广雅·释诂一》："数，责也。"《左传·庄公二十八年》"败卫师，数之以王命"，《襄公十四年》"范宣子数吴之不德也"，"数"都当"申责"讲，也就是今天的"数叨"。因

"屡次"义而有"熟练"之义,正如"习"训"鸟数飞"而有"熟习"义一样。《左传·宣公十二年》"吾不如大国之数奔也","数奔",是说逃跑有术,跑得熟练。"数"的"运算"义又引申为"术"。《广雅·释言》:"数,术也。"也就是一定的法规、定则。《庄子》:"天道有数存焉。"因此下棋也叫"数",《孟子》:"今夫弈之为数。"这些义项所构成的义列都是"切"、"亟"、"骤"所不具备的。而"骤"的"疾"义来自马之快跑,"切"的"近"义来自用刀切物,"亟"的"急"义与"及"、"急"相通,它们的出发点显然也是不一样的。

这种"段"的重合,是两个因素造成的:一是这些词的引申系列中先有了某义项的相同,也就是先有了"点"的重合;二是在"点"重合后,又都纳入了同 类型的引申规律。例如,"数"、"骤"、"切"、"亟"在这一段中同时纳入了时空的引申。在它们重合之处,表现出一定的必然性;而由于总的出发点不同,"点"的重合又是偶然的,所以,从整个词来看,这种相合仍是以偶然的成分居多。

(三)多义词的各个义项一一相应或引申系列的趋向一致,也就是说,它们不仅是"点"与"段"的偶合,而且是"线"的一致。

章太炎先生在《文始》里"歌"部的第一组中,把"过"和"越"作为同源字(反映了同根词)。这里先以这两个词为例。"过"和"越"《说文》同训"度也",从"辵"与从"走"之义本相同,所以知道它们的本义是一致的。从引申系列看,它们都可以从具体空间的过渡,引申为某一事件的经历,又可引申为时间的超越。"过"由"超过"义引申为"过分"、"过错"，"越"也因"超过"义引申为不切实际，也就是"迂阔"，二义相近。"过"可引申为"到……去"，也就是"造访"，"越"则有"从……去"的意思，二义仍相近。"过"有"遍"义，即"扩散"，"越"有"远"义，即"传播"。两个词的诸义项可用下表对比：

"过"	"越"
"度也"（"经过"） 《礼记·檀弓》："孔子过泰山侧。" "历也"（"经历"） 《公羊传·隐公六年》："首时过则书。"	"度也"（"经过"） 《礼记·王制》："为越绋而行事。" "历也"（"经历"） 《吕览》："长攻越十七阨。"
"踰也"（"超过"、"过分"） 《论语》："过犹不及。"（超过限度） 《左传·庄公三年》："过信为次。"（超过时间）	"踰也"（"超过"、"过分"） 《礼记·曲礼》："戒勿越。"（超过限度） 《断刑论》（柳）："不越月逾时而得其赏。"（超过时间）
"误也"、"谬也"（"过错"） 《孟子》："然则圣人且有过欤？" "灾也" 《左传·昭公元年》："过则为菑。"	"迂也"（"迂阔"） 《国语·鲁语》："越哉，臧子之为政也。"
"遍也"（"扩散"） 《素问·玉版论要篇》："逆行一过。"	"远也" 《左传·襄公十四年》："越在他竟。" "扬也"（"传播"、"宣扬"） 《国语·晋语》："宣其德行，……使越于诸侯。"

再以"苏"与"悟"为例。"苏"有"舒畅"之义,《方言》:"悦、舒,苏也。""悟"也有"疏通"、"缓和"之义。《说文·十下·心部》:"悟,觉也。"《五声声类》:"悟,心解也。"都是指心里明白,心情舒畅。《说文·八下·欠部》:"欠,张口气悟也,象气从人上出之形。"用"悟"训"欠",有"气顺"之义。"苏"引申为死而复生之义,今写作"甦"。《礼记·乐记》"蛰虫昭苏",注:"更息曰苏。"《左传·宣公八年》:"晋人获秦谍,杀诸绛市,六日而苏。"这些"苏"都是死而复生。而"悟"训"觉",与"甦生"、"甦醒"之义也相通。由此可见,"苏"与"悟"也是整个引申系列的趋向一致,属线的重合。

用比较的方法验证和辨析词的意义

词在运动中的这种同、似、异的关系,为训诂家们提供了利用比较方法验证和辨析词义的依据。这种方法可以解决以下三个方面的问题:

(一)同义词的辨析

一般所谓的同义词,是指某一个义项相同的词,包括点、段、线三种重合的情况。如果不从整个词义的引申系列来比较,是很难知道它们关系的密切程度的。而且,仅仅是义点重合的同义词,相同是偶然的。它们在词义的特点上所存在的差异是必须经过辨析的。如"言"与"语"都当说话讲,现代汉语中已组成联合式的双音词,似乎同义。但比较它们的引申系列,便能发现它们在作动词用时,词义特点是完全不同的。"言"可以引申为"询问",《礼记·曾子问》"召公言于周公",即是"问于周公"。《礼记·曲礼》:"君言,不宿于家。""君言",就是担心君有事询问。从"询问"义发展到"慰问","唁"就是它的派生词。而"语"却向着"相对"的方向引申。它的同源字"敌"当"抵禦"、"对抗"讲,"晤"当"对应"讲。可以证明它们源异义远。因此,"言"与"语"在使用时也有相当大的差别。在作动词用时,"言"是主动跟别人讲话,"语"则是回答别人的问话或与别人有来有往的辩论。毛亨的《诗经·大雅·公刘》传说:"直言曰言,论难曰语。"《礼记·杂记》注说:"言,言己事也,为人说为语。"都反映了它们不同的词义特点。在《论语》《礼记》等书中所用的动词"语",大部分是不能用"言"替换的。再如,"迎"、"逆"和"遇"、"遘"都可以训"逢",在"相遇"这个义点上是同义词。但是,"遇"、"遘"的核心意义是相交、相合。从它们的同源字可以看得很清楚:"耦",两人共力;"隅",两墙交合处;"媾",婚姻,也是相交;"覯",相遇;"购",财货往来;"构",交集材料而建筑。而"迎"、"逆"的特点则是"相向"与"对面",所以,它们的"相逢"义是从不同的角度发展来的。"迎之"只是对面走来,"遇之"不只是碰见,还有"知遇"、"了解"的意思。

(二)疑难词义的验证

古代文献中常有一些词义历来解释不清,或有多种解释,需要人来选择、判定。比较的方法可以用已有的引申系列证实某词确有某义,也可用已知的引申系列证明未知的引申系列的合理性。例如,"督邮"这个官名中的"邮"当什么讲? 一说,"邮"训"过",当"过失"讲,《文选·长笛赋序》注说:"邮,过也。"《尔雅》也说:"邮,过也。"这个解释是否合理? 可以用"过"的引申系列加以比较。"过"兼有"经过"与"过失"二义,因"经过"可以引申为"超过"、"越过",故有"过失"义。再拿"尤"和"邮"比较。《说文·五下·京部》"就"下说:"尤,异于凡也。"引申为"超过"、"过失"二义:"尤其"即"超过一般","咎尤"即"过失"。"邮",《说文·六下·邑部》训"境上行书舍",《广雅》训"驿也",也就是驿站。驿站是书信传递经过之处,所以"邮"也有"经过"义。那么,它兼有"过失"义则是完全合理的了。又如《说文·十二下·乁部》:"也,女阴也。"有人以为是《说文》的谬说。清代的王玉树在《说文拈字》中说"也"是古"匜"字,也就是盥器。其实,王玉树此说与《说文》并不矛盾。"匜"是盥器,古代洗涤所用。《左传》所说"奉匜沃盥"可证。古代洗手是用水由上面浇下来,所以与阴器的排泄同状,意义是相通的。这一点可由"涿"、"蜀"二字证明。《说文·十一上·水部》:"涿,流下滴也。"古文奇字作"𣲷",即"蜀"的古字。"涿"、"蜀"均可为阴器之称。如《国语》:"日月会龙騻。""龙騻"就是"龙涿",也就是龙尾。《淮南子》有"燭蓇",高诱注以为"阴华"。"燭"即"蜀"的借字。《三国志》更有直接以"涿"为女阴的说法。可见水下流与阴器同状而引申。"也"是女阴,"匜"是盥器,二者相通为同源,是完全合理的。

(三)同根词(同源字)的判定

用比较互证的方法可以确定二字是否同源。同源字除声音相同或相近外,意义的联系不是偶然的,必须发生相承的关系(在同一引申系列中)或全线相重的关系(引申的趋向一致)。同根词(同源字)有的能很快判定,有的则需进一步证明。证明时便需拿整个引申系列加以比较。例如前面所说"越"与"过"同源,就是经过验证的。"苏"与"悟"、"遇"与"遭",都可判定其同源。又如,"造"、"就"、"集"三个词,"造"与"就"古音在"萧"韵,而"集"则在"合"韵。从韵部看,似乎相距较远。但章太炎先生在《文始》里却判定这三个字同源。这是从它们的引申系列比较得出的结论:"就"训"高",从"京","京"是绝高丘,是集土而成的,所以"就"有"集合"、"成就"的意思。"集合"即要由各处往一地集中,于是又有"到"、"往"的意思。《论语》"就有道而正焉"即此义。"造"训"就",古文从"舟",本义是集舟而为桥。所以也有"集合"、"成就"之义。"造"当"到"、"往"讲,意义更为明显,《战国策·宋策》"而造大国之城下",注:"诣也。"《孟子》"君子深造之以道",注:"致也。"而"集"字的本义是"群鸟在木上",也就是"集合",同时也有"成就"义。《左传·桓公五年》:"此军一人殿之,可以集事。"《襄公二十三年》:"知不集也。"《襄公二十六年》:"今日之事幸而集。"杜预注都训"集"为"成"。《广雅·释诂》:"集,就也。"同时,"集"也有"至"义。《国语·晋语》:"不其集亡。"注:"至也。"《淮南子·说山训》:"山雨之集无能霁。"注:"集,下也。"雨下即是雨至。经过比较可以看出,这三个字从本义上都与"集合"之义有关:"就"是集土成高丘,"造"是集舟为梁,"集"是集群鸟于树上,引申的趋向完全一致,义列几乎完全重合,并且多处辗转相训,可见它们的同义不是偶然的。尽管有些音韵学家认为"萧"韵与"合"韵较远,章太炎先生的《成均图》上却以"幽"(即"萧")与"冬"、"侵"、"缉"(即"冬"、"覃"、"合")对转。"集"与"就"、"造"的意义重合关系,倒可作为这个说法的一个小小的佐证。

有了比较互证的方法,按词义本身的规律来判定它的正误、证实它的合理、辨析它的相异、确定它的同源,就可以信而有征,避免乱讲字形、乱用声音的弊病了。

附录:训诂学名词简释

说　明

一、这里所收的训诂名词只限本书所用的(包括沿用和新用的)。

二、沿用的术语过去大半有多种解释或没有固定的解释,这里只是作者的意见,不作普遍的、历史性的介绍。

三、所收各名词按首字汉语拼音第一个字母为序,依次排列。

B

〔笔意〕

表意文字在造字初期是依据它所记录的词的某一意义来绘形的。还保持着原来的造字意图,能够表现字的本义的形体,叫作笔意。例如"因",造字初期画的是一张蓆子(囡),中间是编织或缝合的纹路。这个形体正体现"因"的本义"重蓆",即是笔意。

〔笔势〕

汉字经过演变,逐渐整齐化、符号化,从而脱离了原始的造字意图,无由看出它所依据的本义了。这种形体叫作笔势。例如小篆以至楷化以后的"因",从"囗"从"大",实际上"大"是蓆纹(⌃)的变形,这个形体已无法反映"重蓆"这一本义,即是笔势。

〔本字〕

直接为语言中的某个词所造的字,称作这个词的本字。本字是以这个词的本义为造形依据的,因此,它的笔意必能直接反映词义。例如"缡"训"以丝介覆",引申为"分离"、"隔离"之义,"缡"即是为"分离"、"隔离"所造的本字。"歸"("归")从"止",从"婦"省,"𠂤"声,本义是女子出嫁。"之子于归"的"归",义为女子出嫁,正是用的本字。

〔本义〕

反映在字形上,体现原始造字意图的字义,叫作本义。本义就是词的某一个义项,或是某一义项在个别事物上的具体化。例如"本"(朩),以"一"在"木"下表示树木的根,它的本义就是"树根"。古代文献中直接以"本"作"树根"讲的很多,如《晋语》"伐木不自其本",所以它即是"本"这个词的一个义项。"齊"("齐",𪗙),以三枝齐头的麦穗表示整齐,它的本义是"禾麦吐穗上平也"。古代文献里没有直接使用这个意义的,它只是"整齐"、"平齐"这个义项在"禾麦"这一事物上的具体化。

〔变易〕

文字形体在使用中笔划或构件发生变更,或者同一词又

造出其他形体,叫作变易。变易只是字形本身的变化,
不受语言发展变化的支配。变易产生异体字或广义分
形字。

C

〔词〕

词是语言中能够独立运用的最小的表意单位,是在约定
俗成的情况下形成的音与义的结合体。

〔词形〕

指词的外部形式。在口语里,词形就是词的语音形式;
在书面语里,记录这个词的字形也可称作词形(词的书
面形式)。

〔词义〕

指词所概括进去的全部内容。词义必须是在语言中确
曾使用过的。

〔词族〕

直接或间接由一语根派生的全部同根词,合在一起,称
作词族。

〔词的相承关系〕

指词与词的一种意义关系。两个词的意义居于同一引
申系列的不同位置上,是从同一个根词的本义引申出来
的,这两个词就叫意义有相承关系的词。例如:"偶"有
"成双成对"的意思,而"耦"是两个人合力耕田,两义同
出一源,互相承接,"偶"与"耦"即是意义有相承关系

的词。

〔词的相重关系〕

指词与词的一种意义关系。两个词的意义不在同一引申系列中，但是它们之间有若干义项相同或相似，这两个词就叫意义有相重关系的词。在相重关系的词中，如果仅有一个义项相同或相似，就是点的重合；如果有一部分引申系列相同或相似，就是段的重合；如果整个引申系列趋向一致，大部分义项相同或相似，就是线的重合。

〔初文〕

章太炎的《文始》把《说文解字》中的独体字——即形体不能再分析的字，叫作"初文"。传统所谓的独体象形、独体指事，都是"初文"。

〔重文〕

在许慎的《说文解字》中，每字第一个出现的形体叫正篆，后面再出现的形体即叫重文。在许慎看来，重文都是异体字。

〔传统语言文字学（文献语言学）〕

从汉代发展起来的"小学"，是解释经典的语义的，当时是经学的附庸。后来，它被分作"体制"、"训诂"、"音韵"三个部分，逐渐脱离经学而独立，统称"文字学"。晚近的章太炎先生在日本时开始讲授"小学"，他把这门学问定名为语言文字学，分为音韵学、文字学、训诂学三个部门。在现代科学语言学和汉字学没有发展起来之前，这种语言文字学被称为传统语言文字学。由于它以古代文献语言为研究对象,所以又称文献语言学。

D

〔读若、读为〕

古代注释中的一种注音术语。在一般的经传注释中,"读若"是明音(直表其音)的,"读为"是改字(明假借)的。而在许慎的《说文解字》中,"读若"(也作"读若……同"、"读与……同")不只表示直音,还表示以下情况:①标明通行的后出字,如"自,读若鼻"。②标明通行的异体字,如"矗,读若沓","辛,读若愆"。③标明通行的假借字,如"歔,读若杜","肌,读若舊"。④标明互相通用的同源字,如"雀读与爵同","册,读若冠"。所以,《说文》的"读若"不只明音,而且讲字。

F

〔分理别异〕

表意文字造字的一种原则。在依词义而创造文字符号时,为了避免混淆,要尽量使字形互有区别,即使是意义相近之字,绘形时也要从造字意图上加以区分。如"围"、"回"义近难辨,"围"绘囗(单环),"回"绘回(双环);"牛"、"羊"形似难分,"羊"作羊,突出头角,"牛"作¥,突出封肩,……都是体现分理别异的原则。

〔发源字〕

源词派生新词后,文字也由原来的字分形而产生新字。

记录源词的字对于新字来说叫发源字。例如"风"引申为"讽谏"义,产生出"讽"字,"风"即是"讽"的发源字。

G

〔根词(语根)〕

①在语言的词汇中,根词是指产生最早并有派生其他词的能产量的那批词。

②在词族中,根词是指最早派生其他词的那个词,也就是所谓语根。

根词与源词的区别是:根词是词族中最早的源词,每个词族中只有一个,是对所有的同根词而言的,而源词则是直接派生新词的词,只对它所派生的词而言。

根词在理论上是存在的,在实践中又是很难判定的。

〔概括词义〕

是全民族共同的抽象思维的结果。它概括了同一民族的人对同一事物的共同认识,并且包含了这个词所能表达的一切具体内容。词只有在贮存状态时,才能表现出这种词义,而在进入使用状态后,这种概括性便不同程度地减弱或消逝而显现出具体词义来。

〔广义分形字〕

词的概括意义可以用在不同的事物上,这就是词的广义。字形不同而字义稍别,实则是从不同角度记录同一广义词的字叫广义分形字。广义分形字仅在字书中分形分义,而在文献中却往往通用,而且都能承担广义,实质上是异体字。例如《说文》中,"噂"因从"口"而训"聚语","傅"因从"人"而训"聚"(实即"聚众")。它们虽在《说文》中分形分义,但记录的是同一广义词,并且在文献中通用,此二字即是广义分形字。

H

〔互训词〕

在旧的注释书和训诂专书中互相训释过的词,叫互训词。包括两种情况:①单词互训。如《说文》:"造,就也。"《礼记·王制》注:"造,成也。"《尔雅·释诂》:"就,成也。"《说文》:"成,就也。"——"造"、"就"与"成"为互训词。②义界上训词互训。如《说文》:"齐,不麦吐穗上平也。"《诗·伐木》笺:"平,齐等也。"——"齐"与"平"分别是两个义界的主训词,二者互训,也叫互训词。

J

〔借用字〕

指同音借用字中被借用的字。借用字的意义与字形无关联,借用字是对本字而言的。

〔假借〕

旧词的词义已经发展变化,离本义较远了,理应分化出新词,但有的却不因此另造新字,而仍在原字上赋予新义。这就使得同一字形记录两个理应分化的词,从而节制了字形。造字中的这种现象,叫作假借(依章太炎说）。假借产生的一形数义,本应互有联系,如"旗物"与"物色"的"物"。但也有一部分联系很难考察,如"毕网"的"毕"与"完毕"的"毕"。

〔具体词义〕

指保留在词义中的那些感知的、形象的具体材料。它是概括词义的具体体现,从两个方面显现出来:第一,词在具体人的口中或笔下的语句中出现时,以它的概括词义为基础,并同时显示出说话人在特定的语言环境中所指的具体对象、思想感情的特异性和其他种种与说话人的具体体验相关的形象。第二,词在它的基本运动形式——引申的过程中,往往显示出与概括意义的存在直接相关的一种具体形象。它源于整个民族的共同生活,也是整个民族对某一概念共同的具体理解。这个具体形象在本义中表现出来,它是词义运动的出发点,并决定了词的多个义项的关联——这两方面就是具体词义的体现。

M

〔名物〕

范围比较特定、特征比较具体的专名,也就是草木、鸟兽、虫鱼、车马、宫室、衣服、星宿、郡国、山川以及人的命名,相当于后来的生物、天文、地理、民俗、建筑等科学的术语。

〔名物训诂〕

解释名物意义和探求名物得名来源的工作,叫作名物训诂。

N

〔纽变〕

运用音韵学研究所得出的古声纽及其相互关系来解释训诂音变的规律,以推求词在意义上的关系,便产生了纽变之说。完全同纽而声音互变,称正纽双声音变。发音部位相近而声音互变,称旁纽双声音变。本书用来判定双声的,是传统习用的古音十九纽。列表如下:

喉	影	晓	匣(为)		
牙	见	溪(群)	疑		
舌	端(知照)	透(彻穿审)	定(喻澄神禅)	泥(娘日)	来
齿	精(庄)	清(初)	从(床)	心(疏邪)	
唇	帮(非)	滂(敷)	并(奉)	明(微)	

P

〔派生〕

一个词的意义引申到距离本义较远之后,有的袭用原音,也有的音有稍变,在一定条件下脱离原词而成另词。这种由旧词产生新词的活动叫派生。

〔派生词〕

①经派生而由旧词中产生的新词区别于自生词的,都叫派生词。

②由源词直接派生出的新词,称作这个源词的派生词。如"立"直接派生出"位","位"即是"立"的派生词。

S

〔声母互换〕

异体字同为形声字而采用不同的声母(形声字声旁)标音,叫作声母互换。如"麓"的异体字作"禁","漉"的异体字作"渌","篗"的异体字作"籙","鹿"与"录"即为互换的声母。互换过的声母一般必同音或音近,有些在文字上也发生假借关系。

〔随文释义〕

不脱离古代文献本文所作的词义训释叫随文释义。随文释义一般只解释词在文中的具体含义,有时也解释与文意相关的概括词义。例如,《国语·晋语》:"秦寇深矣。"韦昭注:"深,入境深也,一曰,深犹重也。"——前一注释是讲"深"的具体含义,后一注释是讲"深"在句中所用的概括词义。

〔声训〕

用音近义通的词来作训释,以达到探索词义来源的目的,叫声训。声训应当是用同根词作训释词,但汉代的某些声训往往选用一些偶然同音之词来附会其义,不能表明同根,需作具体分析。

T

〔同音词〕

①广义的同音词指声音相同或相近的词。

②狭义的同音词只指意义毫无关联而声音偶然相同或相近的词,以区别于音近义通的同根词。

〔同义词〕

①广义的同义词指意义有相重关系的词。

②狭义的同义词只指声音不同而意义偶然相同或相近的词,以区别于音近义通的同根词。

〔同训词〕

被同一训释字训释过的词,叫同训词。如《尔雅·释诂》:"初、哉、首、基、肇、祖、元、胎、俶、落、权舆,始也。"被"始"训释的十一个词都是同训词。因为古代注释书中训释字的使用情况比较复杂,有用本字本义的,也有用本字引中义的,还有用借字的,所以,同训词不一定在任何情况下都是同义词。

〔同根词〕

直接或间接由同一语根派生出的词,即同一词族中的词,叫同根词。

〔同源字〕

记录同根词的诸多文字,彼此称同源字。

〔同源通用字〕

新词因词义引申而派生后,便孳乳出相应的新字,即孳乳字。孳乳字已经承担了发源字分化出的新义,与发源字有了明确的分工,但是,由于过去长期的习惯,在孳乳字尚未被完全习用的过渡阶段,仍有与发源字通用的情况。如"风"与"讽"通用,"正"与"政"通用等。这类字叫同源通用字。

〔同音借用字〕

用字时,不写形义贴切的本字,而写一个与本字音同或音近、意义却无关的字来替代。如"分離"的本字应是"缡",而写作"離"。"屈伸"的本字应是"伸",有些地方却写作"信",即是同音借用字。同音借用字就是一般所说的"用字的假借"。

〔通假字〕

同源通用字与同音借用字从用字的角度说,都是不写本字而写另一个字形,有人曾合称"通假字"。但同源通用字与同音借用字是两种性质完全不同的现象,合起来统称"通假字",在理论上是不妥当的,在应用上是不方便的。

〔通转〕

运用音韵学所得出的韵部之间的关系来解释训诂音变的规律,以推求词在意义上的关系,便产生了通转之说。主要元音相同、收尾音不同的韵部,声音可以互相变化,叫作对转。收尾音相同而主要元音相近的韵部,声音可以互相变化叫旁转。假道旁转而与相邻韵部间接对转或假道对转而与相邻韵部间接旁转,叫旁对转。

本书所用通转根据黄季刚 28 部及俞敏 32 部,见 91 页。

W

〔望形生训(望文生义)〕

汉字是表意文字,在原始的造字阶段,字形与字义有直接关联。但是,随着汉字表意趋向的增强和字形笔势化,形义的脱节日益普遍。随意地用书写的汉字字形来解释形义已然脱节了的字义,从而歪曲文献的原意,叫望形生训或望文生义。

X

〔训诂〕

指中国古代的一种词义解释的工作。即,用易懂的、众所周知的语言来解释难懂的或只有少数人能懂的语言,以当代语言解释前代语言,以标准语解释方言,以常用词解释生僻词,都是训诂的内容。

〔训诂音变〕

词语分化以后,派生词的语音可能发生相应的变化,同根词之间因此产生语音的差异。文字借用后,也可能因为声音的演变而使借字与本字不再同音,或因音变而产生同字异读异义的现象。这些音变都是有规律的,有轨迹可寻的,并与探求语义有直接关系,统称训诂音变。

〔形训〕

与字形相贴切的意义训释叫形训。形训表明依义造字的意图,一般是说明本义的。

〔形声系统〕

形声字依形旁和声旁可以构成两个系统:一般说来,同声旁的形声字都应音同或音近,这是它的声音系统;而同形旁的形声字都应义类相同或同与某义类发生关系,这是它的意义系统。二者都称形声系统。

Y

〔义训〕

在训释词语时,仅从现有意义的角度来选择训释词或作出义界,而不考虑词义来源与形义关系,这种训释叫义训。义训有随文释义与综合释义两种。

〔义界〕

古代注释书的一种训释方式。即用一句话或几句话对词的概括意义所作的界说。义界一方面表明词的概括意义,一方面区分词与其邻近词的意义差别。例如《尔雅·释鸟》:"二足而羽谓之禽,四足而毛谓之兽。"——区分"禽"与"兽"的差别。《说文》:"市,买卖所之也。"——既标明"市"的概括意义,又区别"市"与其他场所的不同特点。

〔义类〕

指词汇意义的逻辑分类。《尔雅》自"释亲"以后十六篇,即是以宫、器、乐……草、木、虫、鸟等义类来整理同训词的。形声字则以形旁来标明义类。

〔义项〕

多义词的某一项词义,叫作它的一个义项。在辞书中,每一辞条说明一个义项。

〔引申〕

词义从一点(本义)出发,沿着它的特点所决定的方向,按照各民族的习惯,不断延伸出新义或派生出新词,从而构成有系统的义列,这叫作引申。引申是词义运动的基本形式。

〔引申义〕

词义因相关而延伸出的新义叫引申义。在多义词中,引申义是对本义而言的,也是区别于假借义的。

〔引申系列〕

由根词的本义出发,将由之引申出的各义项和派生出的同根词整理成有方向、有层次的互有联系的系统,叫引申系列。引申系列是对多义词义项和同根词进行的平面的整理,而不意味着词义发展和新词派生的次序的先后。

〔异词同字〕

指同一字形记录多个单音词的现象。在这种情况下,字词的对当关系是一字对多词、一形对多义。文字的一形数用、同音借用字、同源通用字和造字时的假借,都可以形成这种情况。

〔异字同词〕

指不同字形记录同一单音词的现象。在这种情况下,字词的对当关系是多字对一词、多形对同义。完全异体字与广义分形字都可以形成这种情况。

〔异文〕

指同一文献的不同版本以及同一文献的本文与在别处的引文用字的差异。异文的情况十分复杂,一般包括:①同源通用字;②同音借用字;③传抄中的讹字;④异体字;⑤可以互换的同义词。

〔源词〕

指直接派生出新词来的那个词。如"立"直接派生出"位","立"即是"位"的源词。

〔音近义通〕

在同一词族中的派生词(即同根词)的音与义,是从其语根的早已经过约定俗成而结合在一起的音和义发展而来的,因此,同根词往往音相近,义相通。这种现象叫音近义通。

Z

〔字〕

指记录语言的符号。对单音词来说,一个字就是一个词,它承受了被它记录的词的音与义,并把自己的形体作为这个词的书面形式。

〔字义〕

字的意义叫字义。字义一般来自词义,同于词义。但在形训所表明的贴切字形的意义(即本义)中,有一部分没有直接在语言的词中被使用过,只与某一词的义项相联系,这一部分字义不是词义。

〔字形构件〕

构成文字形体的一个部分叫字形构件。构件是对全字说的,其中有一部分本身就是文字。例如,某些独体字在构成合体字时,即是合体字的构件。但也有些构件并非文字,因

为它有形而无音、无义,不能单独充当记录语言的符号,如
丨、丶、乀等。

〔准初文〕

章太炎的《文始》,把《说文解字》中的合体象形及指事、省变、兼声、叠体这四种介于独体和合体之间的文字叫准初文。准初文一般由一个独体加另一些字形构件而成。其内容如下表:

分 类		举 例	例字形体分析
合体	合体象形	果(果)	木(独体)+田(非字构件)
	合体指事	巛(巜)(災)	巛(独体)+一(非字构件)
省变	省	巤(㑚)(糵)	木 省(木)
	变	匕(匕)(化)	人 倒置
兼声		齒(齒)	止(独体声母)+齒(构件)
叠体		茻(茻)	屮 四重

〔孳乳〕

源词派生出新词后,便要造一个记录新词的新字。这种现象叫孳乳。孳乳是词的派生在文字上的反映。

〔孳乳字〕

由孳乳而产生的新字称孳乳字。例如“风”引申为“讽谏”义,孳乳出“讽”字,“讽”即是“风”的孳乳字。

〔主训词〕

在义界中,表示被训释词词义的主要用词,即与被训释词词

义相关最密的词,叫主训词。主训词也有义训与声训两种。如:"弔,问终也。"——"问"是义训主训词。"耆,老人面如点也。"——"点"是声训主训词。

〔自生词〕

不由词派生而经过新的约定将音义结合起来而造的新词叫自生词。

〔综合释义〕

脱离词在使用状态时的具体环境,综合词所应有的意义加以训释,叫综合释义。综合释义一般表明词的概括意义,并列出多义词的诸义项。字典、辞书多用综合释义。

〔转注〕

因词义引申而派生出新词后,即造一新字来记录这个新词。这种由一个语根出发不断产生新词从而使文字字形日益增多的造字现象,叫作转注(依章太炎说)。